Le petit guide des usages et coutumes

Indi[illegible] attitude!

Aussi soigneusement qu'il ait été établi, ce guide n'est pas à l'abri des changements de dernière heure, d'erreurs ou omissions. Ne manquez pas de nous faire part de vos remarques à l'adresse suivante : **guidetourisme@hachette-livre.fr**

HACHETTE TOURISME
Le petit guide des usages et coutumes
43, quai de Grenelle, 75905 Paris Cedex 15

Les petits guides des usages et coutumes sont des hors-séries de la collection Guides Bleus, publiée par Hachette Tourisme.

DIRECTION : Nathalie Pujo

DIRECTION ÉDITORIALE : Cécile Petiau

RESPONSABLE COLLECTION GUIDES BLEUS : Béatrice Hemsen

TRADUIT ET ADAPTÉ DE L'ANGLAIS PAR :
Dominique Brotot, avec la collaboration d'Elisabeth Boyer

ÉDITION ET MISE EN PAGES : Maogani

CRÉATION GRAPHIQUE COUVERTURE :
Susan Pak Poy (conception et réalisation)

REMERCIEMENTS :
Catherine Laussucq, Emilie Lézénès, Adam Stambul

Publié en Grande-Bretagne en 2010 par Kuperard
59 Hutton Grove, Londres N12 8DS
www.culturesmart.co.uk

IMPRIMÉ EN ESPAGNE PAR DEDALO

Dépôt légal : août 2011
ISBN : 978-2-01-245179-7
N° de codification : 24-5179-7

Photo de couverture : Femmes du Rajasthan réalisant des peintures au sol.

Le petit guide des usages et coutumes

Becky Stephen

L'auteur Becky Stephen est consultante en gestion et formatrice pour des entreprises et des organisations à but non lucratif à Dubaï, au Royaume-Uni et aux États-Unis. Après avoir obtenu un master en études transculturelles au Fuller Theological Seminary de Pasadena en Californie, elle a mené des missions et des programmes de formation aux États-Unis, en Inde, en Asie et en Europe. Elle a aussi dirigé aux États-Unis le département d'une organisation à but non lucratif chargée des Américains en mission longue à l'étranger. Elle a écrit de nombreux articles et ouvrages. Fascinée de longue date par la culture et la philosophie indiennes, elle s'est rendue en Inde en 1988 pour apprendre l'hindi à la Banaras Hindu University de Bénarès (Varansai) et et elle a vécu près de cinq ans dans cette ville. Elle habite actuellement à Dubaï.

Hachette Tourisme remercie **CultureSmart!**Consulting pour son aide dans la création de cette collection. Pour plus d'informations, consultez le site www.culturesmart.co.uk

Sommaire

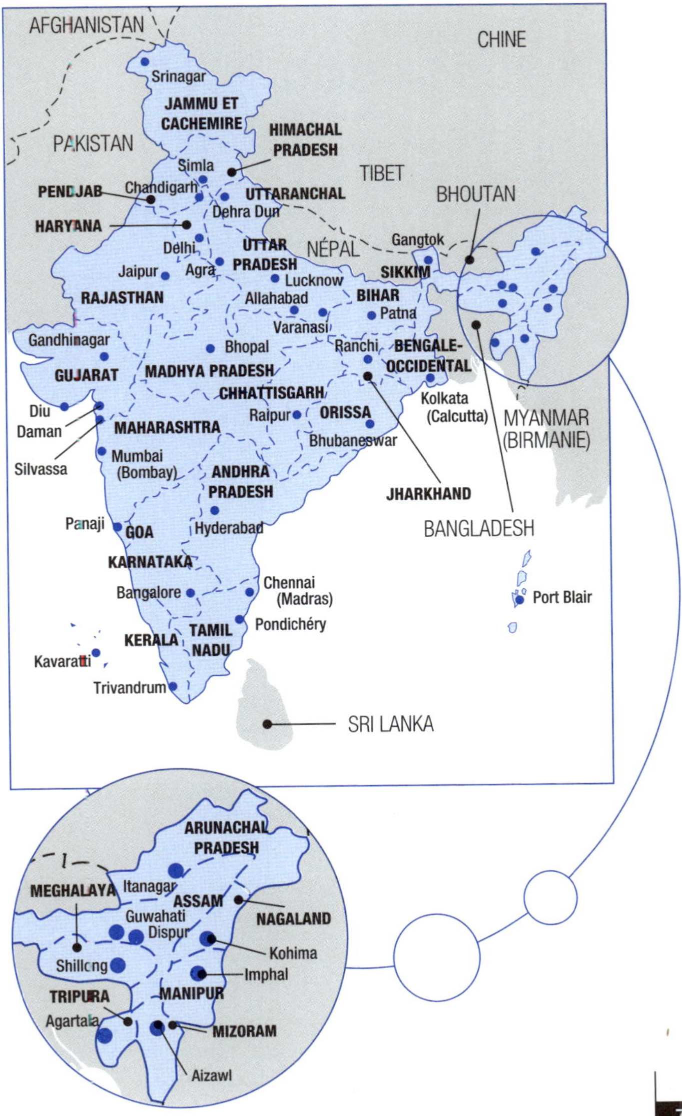
AFGHANISTAN
CHINE
Srinagar
JAMMU ET CACHEMIRE
PAKISTAN
HIMACHAL PRADESH
Simla
TIBET
PENDJAB
Chandigarh
UTTARANCHAL
BHOUTAN
Dehra Dun
HARYANA
Delhi
UTTAR PRADESH
NÉPAL
Gangtok
Jaipur
Agra
SIKKIM
Lucknow
RAJASTHAN
Allahabad
BIHAR
Patna
Varanasi
Gandhinagar
Bhopal
Ranchi
BENGALE-OCCIDENTAL
GUJARAT
MADHYA PRADESH
CHHATTISGARH
Kolkata (Calcutta)
Diu
Raipur
ORISSA
MYANMAR (BIRMANIE)
Daman
MAHARASHTRA
Bhubaneswar
Silvassa
Mumbai (Bombay)
ANDHRA PRADESH
JHARKHAND
Panaji
GOA
Hyderabad
BANGLADESH
KARNATAKA
Chennai (Madras)
Bangalore
Port Blair
Pondichéry
KERALA
TAMIL NADU
Kavaratti
Trivandrum
SRI LANKA
ARUNACHAL PRADESH
MEGHALAYA
Itanagar
ASSAM
NAGALAND
Guwahati
Dispur
Kohima
Shillong
Imphal
TRIPURA
MANIPUR
Agartala
MIZORAM
Aizawl

Introduction

Inde. Le nom évoque instantanément toute une foule d'images. Pratiquement tous les aspects de la vie occidentale moderne portent la marque de ce pays. Les apports de ses nombreux peuples ont influencé nos goûts culinaires, le décor de nos cadres de vie, nos vêtements, les films que nous regardons, la technologie que nous utilisons et l'éventail de nos choix religieux. Ses langues ont enrichi la nôtre de mots comme « châle », « jungle » ou « pyjama », issus de l'hindi, ou encore « catamaran », « paria » et « curry », d'origine tamoule.

L'exotisme de ses formes d'art, les échos de son passé millénaire, ses statistiques démographiques inquiétantes, la profonde pauvreté dont la presse se fait régulièrement l'écho, les articles angoissants qui détaillent les attentats au Cachemire ou dans les centres urbains, voici autant d'éléments qui nourrissent les images que nous pouvons nous faire de l'Inde. Mais Bharat Mata (Mère Inde), c'est également un peuple aussi varié et haut en couleurs que les marchés aux épices du vieux Delhi. Chaque région, chaque caste et chaque communauté possède sa propre culture, reflet d'une histoire unique modelée par les conquêtes, la créativité et la religion. Et ces cultures se distinguent par des multitudes de langues, de coutumes, d'aspirations et d'expressions artistiques.

La civilisation indienne s'est développée sur plus de cinq millénaires, et les bouleversements survenus au cours des dernières décennies ont peu changé sa nature profonde. Le premier contact reste un pur choc sensoriel. Le chaos et la beauté des couleurs et des sons, le passage d'une langue à une autre tous les quelques kilomètres, les odeurs insistantes de la rue, pour ne rien dire de l'invasion de l'espace personnel, mettent à l'épreuve jusqu'aux voyageurs les plus expérimentés. Mais il faut se fier à ses sens pour commencer à saisir l'essence de l'Inde et comprendre son peuple.

S'abandonner à l'expérience offre un aperçu de la capacité apparemment infinie des Indiens à vivre dans le paradoxe. L'amour qu'ils portent à leur pays s'accompagne de tensions et de préjugés dont les origines remontent à des conflits et rivalités appartenant à un lointain passé. Des temples séculaires décorés de sculptures raffinées servent de support à des panneaux publicitaires criards vantant les dernières technologies. L'urbanisation a donné naissance à une classe moyenne aisée, inconnue auparavant, mais aussi à des bidonvilles tentaculaires. Dans les villes, l'odeur métallique de la pollution se mêle aux arômes alléchants dégagés par les marmites des vendeurs de rue.

Pétris de tradition, les Indiens vouent à leur patrie une passion intense. D'un fatalisme hors du commun, ils comptent aussi parmi les peuples les plus ingénieux, aventureux et créatifs de la planète. Chaleureux et hospitaliers, ils répondront avec une générosité et une affection sincères à l'intérêt que vous pourrez leur porter et à leur pays. Mais leurs liens indéfectibles avec leur famille et leur communauté dressent des frontières et motivent des décisions qui ne paraissent pas toujours raisonnables, ou même morales, à un observateur extérieur.

Les réactions des visiteurs étrangers peuvent être aussi extrêmes que les situations qu'ils rencontrent. Ce livre a pour but de les aider à prendre conscience du socle de valeurs et de normes de comportement auquel ils seront confrontés, et à trouver comment s'adapter aux différences culturelles pour faire de vraies rencontres. Il offre un aperçu de cet univers parfois frustrant, mais toujours fascinant, qu'est l'Inde.

En bref

Nom officiel	• République de l'Inde. • En hindi, *Bharatiya Ganarajya* (Bharat).
Capitale	• New Delhi. Old Delhi (Shahjahanabad), le quartier ancien, était la capitale moghole.
Superficie	• 3 287 263 km². • 7e rang mondial par sa superficie.
Climat	• Tropical humide dans le Sud, tempéré dans le Nord. • Octobre à mars est la meilleure période pour un séjour, sauf dans l'Himalaya (septembre à novembre).
Gouvernement	• République fédérale démocratique et laïque. Parlement composé d'une Chambre haute, le conseil des États *(Rajya Sabha)*, et d'une Chambre basse, la chambre du Peuple *(Lok Sabha)*. • Le président de la République est élu pour 5 ans. Le gouvernement est dirigé par un Premier ministre. Le pays comporte 28 États et 7 territoires.
Population	• 1,190 milliard. 2e rang mondial. • Diaspora de plus de 25 millions de personnes (principalement en Asie). • 383 hab./km².
Structure d'âges	• Moins de 15 ans, 29,7 %. • De 15 à 64 ans : 64,9 %. • Plus de 65 ans : 5,5 %
Espérance de vie	• Hommes 65 ans. • Femmes 67 ans.
Répartition ethnique	• Indo-aryens 72 % • Dravidiens 25 % • Mongoloïdes et autres 3 %.

Religions	• Hindous 80 % ; musulmans 13 % ; chrétiens 2,3 % ; sikhs 1,9 % ; bouddhistes 0,8 % ; jaïns 0,4 % ; parsis, bahaïstes, juifs et autres 0,6 %.
Langues	• L'hindi est la langue officielle. Il existe 22 langues nationales et 1 652 dialectes. • La Constitution donne à l'anglais le statut de langue officielle associée.
Alphabétisation	• Hommes 75,96 % ; femmes 54,28 %. • Pour les 15-24 ans : hommes 87 % ; femmes 77 %.
PIB	• 1 430 milliards $ (2010). • Par habitant : 1 176 $ (2010).
Revenu moyen par habitant	• 900 $ par an. • 400 000 millions de personne (25 % de la population) vivent en dessous du seuil de pauvreté. L'Inde compte aussi quelque 53 000 milliardaires.
Monnaie	• Roupie indienne (Rs). • 1 € = 65 Rs (2011).
Électricité	• 230 volts, 50 Hz. Coupures et délestages fréquents.
Vidéo/TV	• Système PAL.
Internet	• .in
Téléphone	• Indicatif : 91. • Pour appeler à l'étranger, composer le 00, puis l'indicatif du pays.
Décalage horaire (Paris)	• 4 h 30 en hiver. • 3 h 30 en été.

chapitre 1

Cinq mille ans d'histoire

Foyer de civilisations parmi les plus anciennes du monde, l'Inde est un creuset formidable où, au fil des siècles, peuples migrants et envahisseurs se sont fondus aux populations en place. L'histoire riche et mouvementée de ce vaste pays est ponctuée de conflits et de divisions, et aujourd'hui encore, malgré la volonté affirmée de consolider l'unité du pays, les tentations indépendantistes restent vives. Ces tensions sont sans doute à la mesure de ce territoire immense et de son extraordinaire diversité, tant géographique que culturelle, religieuse ou linguistique.

Les origines

C'est au nord-ouest du sous-continent qu'est apparue une première civilisation urbanisée, dite civilisation de l'Indus, vers 2500 av. J.-C. Elle doit son nom à sa zone de développement, dans la vallée de l'Indus, autour de deux importants pôles urbains : Harappa au nord (Pendjab) et Mohenjo Daro au sud. Ces cités prospèrent pendant l'âge de bronze. Obéissant à un plan régulier, elles abritaient des maisons à étages construites en brique et dotées d'égouts, de puits et de vide-ordures. Leurs habitants avaient une maîtrise suffisante de la métallurgie pour fondre du bronze, du plomb, de l'étain et du cuivre. Ils utilisaient les céréales comme monnaie d'échange et de taxation. Leur écriture, dont on a retrouvé des exemples sur des sceaux en pierre, reste encore aujourd'hui à déchiffrer.

Les textes en sanskrit les plus anciens mentionnent la présence d'« Arya » (Aryens) dans la région à partir du milieu du IIe millénaire av. J.-C. Les éléments manquent pour déterminer si ces « Nobles », selon le sens premier du terme, viennent d'Eurasie ou s'ils sont les descendants de la culture de l'Indus. Ils s'établissent dans le nord de l'Inde, jusqu'au-delà de la vallée du Gange, fondant la civilisation védique. En étendant leur influence, les Arya repoussent vers le sud les Dravidiens, la population indigène qui occupait le territoire avant leur émergence. Pasteurs et agriculteurs semi-nomades organisés en tribus, les Arya ont de multiples divinités qu'ils apaisent par des sacrifices et l'observance des rites.

Des monarchies absolues soutenues par une noblesse hiérarchisée se forment et ouvrent la voie au système – toujours actuel – des castes. Comme les rois assignent à leurs sujets des fonctions spécifiques transmises de génération en génération, la naissance en vient à déterminer pour chacun sa place dans la société et le modèle auquel il est formé.

Texte le plus ancien de la tradition hindoue, le *Manusmrti*, ou *Lois de Manu*, précise les règles censées régir le monde et fige le système de castes en quatre principales strates. Elles restent au cœur de la structure sociale d'aujourd'hui.

De nombreux textes sacrés sont composés pendant cette période. Les quatre *Veda*, dont le nom signifie « connaissance » en sanskrit, posent les fondements de la culture indienne, en particulier les principes de l'hindouisme. Issus de la tradition orale et rédigés à partir de 1500 av. J.-C., ils sont codifiés en 600 av. J.-C., époque où prennent également corps les *Upanishad*, le *Bhagavad-Gita* et le *Mahabharata*, le plus long poème épique jamais écrit.

Au Ve siècle av. J.-C., un prince du clan Shakya, Siddharta Gautama, atteint l'« illumination » et devient pour ses disciples le Bouddha, l'« Éclairé ». De son enseignement naît le bouddhisme. Son contemporain Mahavira (ou Vardhamana) fonde de son côté le jaïnisme. Ces deux religions prêchent la non-violence et réfutent le système des castes, ce qui contribue à leur popularité.

À la même période, les monarques les plus puissants se battent pour prendre le contrôle du Gange dont le bassin constitue à cette époque la principale route commerciale. Le vainqueur est Bimbisara, roi du Magadha. Il fut l'un des premiers souverains de l'Inde à développer une administration efficace. Ajatasatru, son fils, renforce le pouvoir du Magadha sur la basse vallée du Gange.

L'époque classique

Le roi perse Cyrus le Grand envahit le nord-ouest de la péninsule en 538 av. J.-C. Dix-huit ans plus tard, son gendre Darius le Grand impose le pouvoir de son empire. Le système politique perse influencera les formes futures de gouvernement du sous-continent, notamment sous les Maurya.

Alexandre le Grand entre en Inde en 327 av. J.-C., à l'invitation de Taxile. Ce roi du Pendjab occidental veut obtenir son aide contre des voisins avec qui il est en conflit. Ses désirs sont plus qu'exaucés. Au prix d'âpres batailles, le conquérant macédonien soumet tous les royaumes, confédérations et tribus de la région.

Mais lorsqu'il atteint la Bias, un affluent du Gange, ses troupes épuisées refusent d'aller plus loin. Faisant demi-tour dix-neuf mois à peine après son entrée en Inde, Alexandre laisse derrière lui des représentants, ou satrapes, pour gouverner les provinces assujetties.

Deux ans après la mort du conquérant, en 323 av. J.-C., ces gouverneurs abandonnent leurs postes et se partagent l'empire. Quand l'un d'eux, Séleucos Ier Nicator, cherche à réformer l'ancien empire, en 308 av. J.-C., il trouve sur son chemin Chandragupta Maurya, un fils banni et peut-être illégitime de la famille royale du Magadha. Un long conflit s'engage, qui se conclura par un traité de paix en 303 av. J.-C. À l'issue de cet accord, Chandragupta Maurya fonde l'empire Maurya et s'emploie à assurer son unité ; son fils Bendusara assure ensuite son expansion et son petit-fils Ashoka lui apporte sa grandeur. Cet empire, le plus prestigieux de l'histoire antique de l'Inde, domine le sous-continent pendant les IVe et IIIe siècles av. J.-C.

En effet, profitant de la fragmentation du pouvoir après la mort d'Alexandre le Grand, Chandragupta mène une campagne de guérilla pour renverser le roi Dhama Nanda du Magadha, en Inde orientale. Ses conquêtes à l'ouest couvrent la majeure partie de l'Afghanistan, et ses territoires s'étendent du golfe du Bengale à la mer d'Oman et à la Perse. Son règne dure 24 ans, mais il dort chaque soir dans une chambre différente par crainte des tentatives d'assassinat. Il cède son trône à la fin de sa vie pour se convertir au jaïnisme.

Né en 304 av. J.-C., Ashoka poursuit la politique d'expansion de ses prédécesseurs jusqu'à régner sur la presque totalité du sous-continent indien. Mais le bain de sang qui accompagne l'invasion du royaume de Kalinga le fait renoncer à la violence. Il se tourne vers les enseignements du Bouddha et revêt la robe de moine. L'« Empereur des empereurs » s'emploie alors à propager sa foi pacifiste. Il envoie des missionnaires en Grèce et au Proche-Orient et enjoint à ses sujets de ne plus sacrifier d'animaux et à respecter les croyances d'autrui. Il laisse une telle marque dans l'histoire du pays que, au XXe siècle, la République se donnera comme emblème national les lions qui ornent le chapiteau dit d'Ashoka, retrouvé à Sarnath, et fera figurer le motif de la roue du dharma au centre du drapeau indien.

L'empire décline après la mort d'Ashoka. Des souverains locaux et des envahisseurs étrangers vont se partager le contrôle du territoire pendant quelque cinq siècles. Selon la légende, l'apôtre Thomas débarque dans le Kerala en 52 pour semer les germes du christianisme en Inde.

L'empire fondé par Chandragupta Ier connaît une nouvelle grandeur à partir de 375, sous Chandragupta II. Sa puissance militaire assure une stabilité politique qui permet aux sciences, aux arts, à la littérature et à la spiritualité de s'épanouir. Les grands esprits de l'époque comprennent l'astronome Aryabatha, à qui l'on attribue la première conceptualisation du zéro. Les échanges de connaissances et d'idées, notamment religieuses, sont activement encouragés avec la Chine. Des contacts diplomatiques avec l'Asie du Sud, l'Indonésie, la Grèce et Rome permettent à la culture et à l'art gupta de rayonner.

Des querelles internes finissent par affaiblir l'empire, incapable de résister aux incursions que lancent les Huns depuis l'Asie centrale après 450. Quand le dernier représentant de la dynastie, Bhanagupta, meurt en 570, le pouvoir est de nouveau éparpillé. Il le restera jusqu'aux invasions musulmanes du début du IIe millénaire.

L'âge classique des royaumes du Sud et du Nord

Au nord, malgré les conflits à répétition entre États princiers, la construction de temples somptueux, nés de la ferveur suscitée par l'hindouisme, le bouddhisme et le jaïnisme, témoigne d'une prospérité alimentée par le commerce et l'agriculture. Chefs guerriers issus de la caste militaire, les Rajputs imposent leur domination sur des régions qu'ils administrent en seigneurs.

Dans le Sud aux terres fertiles, les arts plastiques, la littérature et l'architecture suivent une évolution distincte. Les Dravidiens, repoussés par les Arya, ont fondé des royaumes qui contrôlent de vastes empires en Asie du Sud-Est. Ils échangent, entre autres, des épices avec Rome. Les souverains favorisent le développement des sciences et des mathématiques, ainsi que l'approfondissement des concepts religieux et philosophiques.

L'islamisation de l'Inde

À partir du XIe siècle, les récits rapportés d'Inde par les marchands, évoquant de fastueuses richesses, incitent des souverains musulmans venus du nord-ouest à lancer des incursions sur ce territoire fabuleux. Si l'appât du gain motive certains de ces conquérants, d'autres viennent prêcher leur foi. Certains s'installent pour régner.

En 1192, Muhammad Ghori, un général originaire de ce qui est aujourd'hui l'Afghanistan, défait à Delhi le roi rajput Prithviraja Chuahan. Son successeur, l'esclave Qutbuddin Aibak, fonde la première dynastie des sultans de Delhi, dont le pouvoir s'étendra sur une grande partie du sous-continent. Leurs règnes s'accompagnent de nombreuses conversions à l'islam dans le Nord. Leur emprise est plus fragile au sud, où naît en 1336 le royaume indépendant de Vijayanagar, gardien affirmé de l'hindouisme. Le centre se rebelle à son tour, mais reste musulman. L'invasion du Mongol Tamerlan, en 1398, porte un coup fatidique au sultanat de Delhi.

À la pointe du sous-continent, l'Inde du Sud est restée plus longtemps fermée aux invasions et a pu ainsi développer une culture propre, en particulier celle des Chola, bâtisseurs de génie à qui l'on doit le temple de Tanjavur (classé au patrimoine mondial par l'Unesco).

Le grand empire moghol

Au début du XVIe siècle, des aristocrates indiens, furieux contre le sultan Ibrahim Shah Lodi, invitent un descendant de Gengis Khan, l'Ouzbek Zahir ud-din Muhammad, dit Babur (le Tigre), souverain de Kaboul, à venir investir Delhi et Agra. Ils obtiennent la fin de la dynastie des Lodi, mais c'est pour voir s'établir un nouvel empire, qui va régner sur l'Inde du Nord pendant deux siècles.

Jalaluddin Muhammad Akbar, dit Akbar le Grand, monte en 1556 sur le trône à l'âge de 14 ans. Petit-fils de Babur, il étend considérablement le territoire de l'empire par des conquêtes et des alliances. D'une grande tolérance, il abroge les lois pénalisant les non-musulmans. Il invite les représentants des grandes religions à débattre devant lui de spiritualité et tente de promouvoir une forme de syncrétisme religieux, qui s'éteindra avec lui. Il favorise activement l'épanouissement des arts et de la littérature et il est à l'origine de la construction des premiers édifices « préfabriqués ». Quand l'empire entre en déclin, à la fin du règne d'Aurangzeb, en 1707, les Moghols laissent un formidable patrimoine architectural. Ses fleurons comprennent la citadelle du Fort Rouge, la mosquée Jama Masjid et le tombeau du Taj Mahal, commandés par Shah Jahan, le prédécesseur d'Aurangzeb.

Une myriade de petits États rivaux se déchirent à nouveau pour le contrôle du territoire. En 1858, quand le gouvernement britannique prend le relais de la Compagnie des Indes orientales, plus de cent princes battent monnaie en tant qu'« empereur moghol ».

L'Inde coloniale

En 1498, l'explorateur Vasco de Gama débarque à Calicut, dans l'actuel Kerala. Aux XVIe et XVIIe siècles, les Portugais, les Hollandais, les Britanniques et les Français ouvrent des comptoirs commerciaux sur la côte occidentale. Les nouveaux venus ne se contentent toutefois pas de faire du commerce et ils profitent des rivalités entre royaumes pour poser des jalons politiques. Les Britanniques vont se montrer les plus adroits…

En 1600, la reine Elizabeth Ire d'Angleterre accorde à la Compagnie des Indes orientales une charte lui assurant le monopole du commerce avec l'Inde. En 1617, l'empereur moghol

Jahangir lui ouvre par traité la totalité de son territoire. En 1756, Siraj-ud-Daula, nawab du Bengale, attaque Calcutta pour empêcher les Anglais de continuer à la fortifier. Un an plus tard, une armée privée conduite par Robert Clive le met en déroute à la bataille de Plassey. Clive devient le premier gouverneur du Bengale. La Compagnie y jouit désormais d'un monopole et impose le *Permanent Settlement*, un système de taxe foncière de structure féodale. En 1763, les Britanniques s'emparent de tous les territoires colonisés par les autres nations européennes, à l'exception de Pondichéry et de Chandernagor, qui restent sous contrôle français, de Travancore, tenu par les Hollandais, et de Goa, Daman et Diu, enclaves portugaises.

Entre 1772 et 1785, le gouverneur général du Bengale, Warren Hastings, poursuit une politique d'expansion appuyée par des troupes locales. Dans le Sud, un chef tamoul, Veerapandiya Kattabomman, refuse de payer l'impôt. Le litige tourne au conflit armé et Kattabomman finit pendu à un tamarinier en 1799. Il est aujourd'hui considéré comme un précurseur de la lutte contre les occupants coloniaux. En 1818, la Compagnie s'est assuré le contrôle de la majeure partie de l'Inde. Elle s'emploie à en tirer le maximum de profit.

En juillet 1954, la France perd l'Indochine, mais aussi Pondichéry. Pourtant, le cœur colonial de la ville reste très marqué par l'occupation française, comme en témoignent son architecture mais aussi le nom des rues… et la gastronomie locale. Une minorité francophone y reste assez présente et le français y est reconnu comme une des cinq langues officielles.

Le mécontentement augmente dans la population et parmi les soldats hindous et musulmans servant dans les trois armées anglaises. Il culmine en 1857 par la « révolte des Cipayes », point de départ d'une rébellion générale. Les insurgés proclament le Moghol Bahadur Shah Zafar empereur d'Inde. Mais il ne faut que quelques mois aux Britanniques pour reprendre

Delhi et soumettre toutes les places fortes de leurs opposants. Ils exilent Bahadur Shah Zafar en Birmanie et exécutent ses fils pour éteindre sa lignée. La « première guerre d'indépendance » a échoué. Mais le parlement du Royaume-Uni a compris que la colonie devait être gérée moins brutalement. Il en retire le contrôle à la Compagnie des Indes.

L'empire des Indes, rebaptisé *Raj* (« règne ») dans le langage courant, dure de 1858 à 1947. Il administre des territoires que la Couronne gouverne directement et des États princiers semi-autonomes où elle exerce son autorité par l'intermédiaire de souverains indiens.

À voir avant de partir

À la fois reflet de l'histoire et de l'art de l'Inde, ces musées sont une bonne introduction aux spécificités culturelles du pays.

- **Musée Guimet, Paris**
- **Musée du quai Branly, Paris**
- **Musée des Arts asiatiques, Nice**
- **Musée des Arts asiatiques, Toulon**
- **Musée de la Compagnie des Indes, Lorient**
- **Musée Albert-Khan, Boulogne-Billancourt**
- **Musée des Tissus, Lyon**
- **Musée d'Orbigny-Bernon, La Rochelle**

Tout au long du XIXe siècle, les Britanniques vont certes développer les infrastructures économiques, juridiques et éducatives du pays, mais ils exploitent surtout ses richesses dans leur propre intérêt. L'administration impériale traite ses sujets avec un mélange de paternalisme et de racisme. En 1885, elle facilite néanmoins la création du parti du Congrès pour permettre aux Indiens les plus éduqués de participer au gouvernement. Ce mouvement devient la caisse de résonance politique de revendications allant bien au-delà des vœux des Britanniques. Des courants nationalistes radicaux vont aussi se développer au début du

XXe siècle. Enfin, la contribution majeure des Indiens à l'effort de guerre du Royaume-Uni pendant les deux conflits mondiaux va les conduire à percevoir différemment leur situation. Tout est en place pour que s'élabore l'unité nationale.

Le chemin de l'indépendance

Pendant l'entre-deux-guerres, l'opposition au pouvoir colonial prend une forme de plus en plus collective. En 1919, la répression sanglante d'une manifestation à Amritsar provoque une indignation manifeste dans tout le pays. À partir de 1920, un avocat de retour d'Afrique du Sud, Mohandas Karamchand Gandhi (1869-1948), transforme cette insatisfaction multiforme en un mouvement de masse pour la défense de l'égalité et des droits civiques. Surnommé le Mahatma (« grande âme »), il comprend vite que ses idéaux ne peuvent être atteints sous le joug d'une domination étrangère. Avec l'appui du parti du Congrès et de dirigeants comme Jawaharlal Nehru, il prend la tête d'un mouvement national qui déferle comme une vague sur le sous-continent. C'est par la seule force de la non-violence qu'il réussit à contraindre les Britanniques au départ.

Je m'oppose à la violence parce que lorsqu'elle semble produire le bien, le bien qui en résulte n'est que transitoire, tandis que le mal produit est permanent.
Gandhi

La lutte contre l'emprise britannique ne prend toutefois pas uniquement des formes pacifistes pendant cette période. Ancien président du parti du Congrès, Subash Chandra Bose se rend en Allemagne au début de la Seconde Guerre mondiale pour offrir son aide aux nazis. Il se tourne ensuite vers les Japonais et crée sous leur égide l'Armée nationale indienne, qui combat contre les Alliés. Elle participe ainsi, en 1944, à la campagne de Birmanie, offensive qui tourne au désastre pour elle comme pour les troupes japonaises.

Les premiers pas de Bharat

Conscients qu'ils n'avaient plus les moyens d'imposer leur mainmise sur l'Inde, les Britanniques firent de nécessité vertu et décidèrent de lui accorder son indépendance. Les premières élections, organisées en 1946, voient le parti du Congrès remporter huit des onze provinces. Mais le projet prévoit le regroupement des populations musulmanes. Des violences intercommunautaires éclatent. La Ligue musulmane demande la création d'un État indépendant, ce que le parti du Congrès accepte, malgré l'opposition de Gandhi. La partition du sous-continent en deux États distincts, Inde et Pakistan, sera le cadeau d'adieu de la Couronne britannique.

Le vice-roi, lord Louis Mountbatten, accélère le processus en imposant une date limite à cette partition. Le 15 août 1947, l'Inde et le Pakistan deviennent des États souverains. Quelque 12 millions de musulmans, d'hindous et de sikhs commencent la plus importante migration de l'histoire moderne. Des familles se retrouvent obligées d'abandonner leurs racines et leurs biens pour trouver la sécurité de l'autre côté d'une frontière nouvellement créée. À peine constitués, les deux États n'ont pas les moyens d'assurer leur protection. Massacres, émeutes et suicides collectifs font 500 000 victimes.

Jawaharlal Nehru devient le premier Premier ministre de la jeune démocratie indienne. Celle-ci subit un nouveau choc le 30 janvier 1948, quand un fanatique hindou assassine Gandhi. L'année qui suit la mort de Nehru, en 1964, son successeur, Lal Bahadur Shastri, se retrouve confronté à une grave crise : un conflit armé avec le Pakistan à propos du Cachemire. La guerre se conclut par un traité de paix imposé par l'ONU. Une crise cardiaque emporte Shastri le lendemain de sa signature.

C'est la fille de Nehru, Indira Gandhi, qui prend la relève et devient Premier ministre. En 1971, elle soutient les indépendantistes du Pakistan oriental en rébellion contre le pouvoir central, situé au Pakistan occidental, de l'autre côté de l'Inde. Cette nouvelle guerre indo-pakistanaise s'achève par la création de l'État du Bangladesh.

En 1975, accusée de fraude électorale, Indira Gandhi déclare l'état d'urgence plutôt que de démissionner. Elle gouverne de façon quasi dictatoriale pendant dix-neuf mois. Au cours de cette période, elle fait emprisonner des milliers d'opposants et lance un programme de stérilisation forcée qui se solde par plus de 7 millions de vasectomies. Croyant avoir conservé sa popularité, elle organise des élections, qu'elle perd et dont elle accepte le résultat… Mais c'est pour revenir au pouvoir trois ans plus tard ! Elle y reste jusqu'en 1984, où elle ordonne un assaut meurtrier contre le temple d'Or d'Amritsar, le lieu le plus sacré de la communauté sikhe. Quelques mois plus tard, elle tombe sous les balles de deux de ses gardes du corps sikhs.

Fidèle à la tradition dynastique, le parti du Congrès choisit son fils, Rajiv Gandhi, pour lui succéder. Ce dernier entame la libéralisation de l'économie et intervient au Sri Lanka dans la guerre civile menée par les séparatistes tamouls. Une affaire de corruption fait chuter son gouvernement. En 1991, alors qu'il fait campagne pour sa réélection, une jeune femme vient lui apporter des fleurs. C'est en fait un commando suicide des Tigres tamouls qui fait exploser une bombe dissimulée dans le bouquet.

Bharat la Grande

Le millénaire qui vient de s'ouvrir s'accompagne d'une profonde transformation culturelle. L'Inde est en train de devenir un acteur économique de premier plan et sa voix prend de l'ampleur sur la scène internationale. Cet élan a pour origine les réformes entreprises par Manmohan Singh, tout d'abord comme ministre des Finances de Narasimha Rao (1991-1996), puis comme Premier ministre depuis 2004, son mandat ayant été renouvelé en 2009. Considéré comme le père de la réforme économique indienne, il a réduit les déficits publics, initié des programmes d'emplois ruraux à grande échelle, soulagé la dette des agriculteurs et modifié le système fiscal en faveur de l'initiative privée.

L'Inde est aussi une puissance nucléaire déclarée depuis 1998. En 2006, elle a signé un accord de coopération avec les États-Unis qui lui assure des transferts de technologie dans le domaine civil à condition d'en dissocier le programme militaire et de laisser l'Agence internationale de l'énergie atomique (AIEA) contrôler les installations. Cet accord lui permet aussi de s'approvisionner en uranium. La Russie s'est ainsi engagée en 2009 à lui en fournir pour une valeur de 700 millions de dollars.

chapitre 2

Le pays et les hommes

Frontières et bandhan

Bordée par l'Himalaya au nord, la mer d'Oman à l'ouest et le golfe du Bengale à l'est, l'immense péninsule indienne repose, avec le Pakistan et le Bangladesh voisins, sur une plaque tectonique distincte du reste de l'Asie. Outre le Pakistan et le Bangladesh, l'Inde possède des frontières avec la Chine, le Népal, le Bhoutan et la Birmanie (Myanmar).

Tout au long de l'histoire, les étrangers ont vu en ce vaste territoire un lieu à part. L'historien grec Hérodote fut le premier à le baptiser « Inde » au Ve siècle av. J.-C. Des voyageurs persans lui avaient parlé de cette contrée au-delà du fleuve Indus. Ils l'appelaient eux-mêmes Hindustan, « le pays du peuple de l'Indus ». Pour leurs conquérants moghols, ses habitants devinrent les « Hindous ». Le nom « Hindustan » entra dans le langage courant sous l'empire britannique et il reste très utilisé aujourd'hui.

Pour un unique pays, les différences linguistiques, ethniques, politiques, religieuses et topographiques qui règnent à l'intérieur des frontières dépassent l'imagination. Au nord-est, le Nagaland, où poussent acajou et rotin, a été marqué par une évangélisation chrétienne assez récente. Mais, au XIXe siècle, les Naga, qui forment l'essentiel de sa population, étaient encore des chasseurs-cueilleurs coupeur de têtes. Des tribus « primitives » vivent d'ailleurs toujours sur les îles Andaman et Nicobar, dans le golfe du Bengale. En mer d'Oman, l'islam domine sur les atolls coralliens des îles Laquedives. Entre les deux, le climat et la géogra-

L'Inde fraternelle et unie

Raksha Bandhan est une fête hindoue célébrant la relation frère-soeur. À la pleine lune du mois de Shravan, en août, les filles nouent un ruban, ou *rhaki* (« lien de protection »), au poignet de leurs frères ou des garçons qu'elles considèrent comme des frères. À l'approche de l'indépendance, les opposants à la partition manifestant contre les violences sectaires au Bengale utilisèrent le *rhaki* comme symbole. Pour affirmer au gouvernement britannique que le Bengale était « un et indivisible », ils se nouèrent mutuellement de tels cordons au poignet, engagement solennel de fraternité allant au-delà des liens du sang et de l'affiliation religieuse.

phie varient entre presque tous les extrêmes et plusieurs centaines d'ethnies et de groupes linguistiques coexistent, tous riches d'histoires et des traditions diverses.

Malgré cette grande disparité, tous les Indiens s'identifient à un peuple unique, tous font partie de Bharat. Existant aussi en vieux tamoul, le mot *bharatam* apparaît dans les textes fondateurs du *Rig Veda* et du *Bhagavad-Gita* pour désigner les habitants de la péninsule indienne. Liés par leur histoire, une structure sociale complexe mais commune, et des valeurs culturelles partagées, ces derniers ont acquis une identité forte qui leur est propre. Quand a été proclamée l'indépendance, « Bharat » est devenu le nom officiel de la nouvelle nation.

Géographie et climat

Le septième plus grand territoire du monde renferme des sommets vertigineux, des déserts torrides, de denses forêts tropicales et de vastes plaines. Plages, falaises et marécages jalonnent quelque 7 000 km de côtes. Des cours d'eau, pour la plupart issus de l'Himalaya, parcourent le sous-continent comme un réseau sanguin. Le bassin du Gange représente un quart de la superficie du pays. Après avoir grossi dans les montagnes, le fleuve traverse les plaines arides du Nord et s'oriente vers l'est où il allie ensuite ses forces avec le Brahmapoutre, au débit encore plus important. Ensemble, ils alimentent le plus grand delta du monde, qui s'étend jusqu'au Bangladesh. Ces eaux apportent aussi bien la mort que la vie. Sources d'inondations imprévisibles, elles donnent au sol leur fertilité grâce à leurs alluvions.

L'Inde peut être divisée en cinq grandes régions géographiques : les îles, les plaines côtières, le plateau péninsulaire, les plaines et les montagnes du Nord. Il existe trois grandes saisons : l'été, la mousson et l'hiver, mais les conditions locales influent aussi sur le climat. Le pays renferme ainsi des zones tropicales, subtropicales, arides et alpines.

Le Kerala tropical, dans le Sud-Ouest, subit de fortes précipitations (de 200 cm/m^2 à 400 cm/m^2 par an) et la température moyenne s'élève à 28-32 °C.

Un climat idyllique de type hawaïen règne toute l'année à la pointe sud de la péninsule. La majeure partie du reste du territoire n'a pas autant de chance. En été, d'avril à juin, la température moyenne est de 32 °C et elle peut atteindre 45 °C, et parfois plus, dans les déserts de l'Ouest. Malgré la chaleur et le manque d'eau, ces étendues arides abritent une faune et une flore riches.

Deux éléments géographiques affectent le climat de l'Inde. En barrant le passage aux vents froids de l'Asie centrale, l'Himalaya l'adoucit. À l'ouest, le Thar, le vaste désert du Rajasthan et du Gujarat, attire les vents de mousson, assurant le passage de nuages gorgés de pluie au-dessus du sous-continent.

Le Nord passe d'un extrême à l'autre. Quand ce n'est pas le froid glacé de l'hiver qui rend la vie difficile à tous ceux qui travaillent ou voyagent, c'est le *loo*, le torride vent d'été. De juin à août, la chaleur et l'humidité grimpent de façon insupportable.

Le déclenchement de la mousson est un soulagement, même si elle s'accompagne de violents orages, de rideaux de pluie et de crues. De septembre à novembre, elle s'estompe à l'ouest pour aller s'abattre sur l'est à l'approche de l'hiver. Cette dernière saison, de décembre à février, est relativement sèche et fraîche, avec des moyennes de température entre 10 et 15 °C. Les influences océaniques réchauffent le Sud, tandis que la pluie ne s'arrête jamais longtemps dans certaines régions du Nord-Est, qui reçoivent annuellement jusqu'à 1 000 cm/m². Il neige dans les montagnes. Les États septentrionaux de l'Himachal Pradesh, de l'Uttaranchal et du Shimla possèdent d'ailleurs plusieurs stations de ski.

La population

Avec une population estimée en 2010 à 1,19 milliard d'habitants, l'Inde occupe le deuxième rang mondial après la Chine, mais sa croissance démographique plus élevée devrait la placer en première position dans les prochaines années.

Si les agglomérations urbaines possèdent onze fois plus d'habitants qu'il y a un siècle, 70 % des Indiens vivent toujours dans des villages. L'exode rural ne cesse cependant d'augmenter, alimenté par l'espoir d'une meilleure éducation et d'une vie qui cesserait d'être soumise aux sécheresses et aux inondations. Les cités de 1 million d'âmes sont considérées comme des villes moyennes dans ce pays où les grandes métropoles – Delhi, Bombay et Calcutta – en comptent plus de 15 millions.

Pourtant, les paysans désespérés qui fuient la campagne aboutissent généralement dans d'immenses bidonvilles où ils vivent dans une pauvreté absolue. En 2010, l'Inde n'atteignait que le 119e rang mondial du classement d'indice de développement humain des Nations unies.

Langues et dialectes

L'Inde est un paradis pour les linguistes : on y parle plus de 1 600 dialectes, elle compte 2 langues classiques (le sanskrit et le tamoul) et en considère 22 comme nationales. C'est aussi un pays où la langue officielle, l'hindi, n'est courante que dans une partie du Nord. La véritable langue véhiculaire est étrangère : c'est l'anglais, vestige durable de la colonisation britannique.

L'alphabétisation

Les Indiens accordent une grande valeur à l'éducation. Selon un recensement effectué en 2001, 95 % des enfants des campagnes avaient accès à l'école primaire mais, pour la moitié, ils abandonnaient à l'âge de 12 ans ou quand leur mariage était arrangé. Le taux d'alphabétisation n'a cessé de grimper, de 51 % il y a vingt ans à plus de 74 % aujourd'hui (estimation 2011 du Commissariat indien au recensement). Mais comme il n'y a qu'en Inde du Sud que l'éducation bénéficie d'un financement public jusqu'à 16 ans, de graves disparités existent. Le taux d'alphabétisation est ainsi de 91 % dans le Kerala contre seulement 47 % au Bihar. S'y ajoutent les inégalités habituelles entre villes (80 %) et zones rurales (59 %), entre hommes (76 %) et femmes (54 %). Les citadines sont deux fois plus nombreuses à savoir lire et écrire que les villageoises.

Inspiré de critères définis par Amartya Sen, prix Nobel d'économie en 1998, l'indice de développement humain (IDH) mesure non seulement les résultats économiques d'un pays, mais aussi les conditions sociales, sanitaires et éducatives. En Inde, la croissance du niveau économique des plus pauvres ne progresse que de 1 % quand la moyenne nationale dépasse 5 %.

Les religions

Plus de 80 % des Indiens se déclarent hindous. Avec 13 % de musulmans, l'Inde compte la troisième population musulmane du monde et la première dans un pays à majorité non-musulmane. Les chrétiens (2,3 %) vivent principalement dans le Sud et le Nord-Est. Les sikhs du Pendjab représentent 1,9 % des croyants, les bouddhistes 0,8 %, les jaïnistes 0,4 % tandis que les juifs, les zoroastriens et les bahaïstes comptent pour 0,6 % à eux tous.

L'introduction de la laïcité au cours du XXe siècle n'a pas eu pour but de réduire la place de la religion dans une civilisation profondément spirituelle, mais d'arracher l'indépendance aux Britanniques et de faciliter l'unification politique de peuples et de royaumes aux cultures distinctes.

Une très vaste démocratie

La République de l'Inde est la plus grande démocratie du monde. Cette république fédérale est formée de 28 États et 6 territoires, auxquels s'ajoute le Territoire de la capitale nationale de Delhi. L'autorité du gouvernement central l'emporte sur celle des États, mais les réformes engagées depuis les années 1990 ont renforcé les prérogatives de ces derniers.

Chef de l'État au rôle principalement honorifique, le président est élu par un collège électoral pour un mandat de 5 ans. Il nomme le Premier ministre, détenteur du pouvoir exécutif, sur recommandation du parti ou de la coalition ayant la majorité parlementaire.

Le Parlement (Sansad) est composé de deux chambres. Les assemblées législatives de chaque État élisent pour 6 ans les membres de la Chambre haute, la Rajya Sabha (conseil des États). Elle est renouvelée par tiers tous les 2 ans. Les membres de la Chambre basse, la Lok Sabha (chambre du Peuple), sont élus au suffrage proportionnel lors d'un suffrage national. Leur mandat est de 5 ans. Le gouvernement est responsable devant la Lok Sabha mais peut la dissoudre, provoquant de nouvelles élections.

Au sommet du pouvoir judiciaire se trouve la Cour suprême puis 21 hautes cours ayant chacune juridiction dans un État ou groupe d'États. La Cour suprême jouit d'un droit de regard sur la constitutionnalité des lois votées par le Parlement.

Les partis politiques sont aussi nombreux que les divinités hindoues. Qu'ils comptent parmi les douzaines reconnus au niveau des États ou les centaines à l'implantation strictement régionale, tous se livrent une concurrence acharnée lors des élections. Les États possèdent leur propre gouvernement. Quand un parti est reconnu par 4 États, il devient automatiquement un parti national. Il en existe actuellement 7 en Inde : le parti du Congrès, ou Congrès national indien (Indian National Congress, INC), le Parti du congrès nationaliste (National Congress Party, NPC), le Bharatiya Janata Party (BJP), le Bahujan Samaj Party (BSP), le Parti communiste d'Inde (marxiste) (PCI(M)), le Parti communiste d'Inde (PCI) et le Rashtriya Janata Dal (RJD).

Malgré la complexité de la vie politique locale et nationale, et la grande diversité des niveaux d'éducation, tout Indien peut expliquer comment fonctionne son gouvernement. La presse, la radio et la télévision font partie intégrante de la vie quotidienne – et pas seulement pour les divertissements. Avec le développement de l'informatique, Internet est également devenu une importante source d'information. Pour les Indiens, parler politique est aussi naturel que respirer. Le sujet les passionne et ils comprennent difficilement qu'on puisse ne pas partager cette passion.

La liberté d'expression est un droit inscrit dans la Constitution, mais les journalistes qui traitent de sujets sensibles comme la corruption, les révoltes de la faim, l'instabilité politique au Cachemire, courent tous le risque de subir des pressions hiérarchiques fortes ou un procès pour diffamation.

L'investissement dans l'action collective qui leur a permis d'accéder à l'indépendance ne s'est pas éteint. Il continue de se manifester dans le fort taux de participation aux élections et dans des manifestations spontanées qui se transforment à l'occasion en émeutes. Depuis les célèbres jeûnes où le Mahatma Gandhi risqua sa vie pour attirer l'attention sur le sort des Intouchables ou pour arrêter des violences intercommunautaires, beaucoup d'Indiens restent prêts à mettre leur vie en jeu pour persuader les détenteurs du pouvoir de procéder à des réformes.

L'économie

Pendant quarante ans, des obstacles idéologiques et la corruption de la classe politique ont freiné le développement de l'Inde. S'ouvrir à des formes de libre-échange sans déroger au socialisme de Nehru échoua à produire les progrès sociaux et économiques escomptés. Quand le pays perdit son principal partenaire commercial avec l'effondrement de l'Union soviétique, au moment où la guerre du Golfe faisait s'envoler le prix du pétrole, il se retrouva au bord de la banqueroute.

Depuis, les réformes de Manmohan Singh ont fait de l'Inde l'une des nations possédant la plus forte croissance économique du monde. Le PIB n'a pas cessé d'augmenter alors même que la récession mondiale de 2008-2009 touchait la plupart des pays (le secteur des techniques de l'information a progressé de 20 % cette année-là). Que l'économie reste à 55 % basée sur l'agriculture explique en partie cette résistance aux crises extérieures. Elle s'appuie en outre davantage sur les marchés intérieurs que sur les exportations.

Devenue la troisième puissance mondiale en terme de parité de pouvoir d'achat (PPA), après les États-Unis et la Chine, l'Inde pourrait les dépasser d'ici trente ans. La classe moyenne en plein essor entend bien en profiter, et elle dispose des réseaux, du niveau d'éducation et des ressources pour le faire.

La nouvelle classe moyenne

Les Indiens, qui représentent presque 20 % de la population mondiale, possèdent à eux tous à peine 1 % de la richesse mondiale et 95 % de cette richesse est d'origine foncière. Mais la classe moyenne actuelle s'offre un tout autre mode de vie, inspiré par une diaspora qui compte 25 millions de membres éparpillés dans le monde entier.

De jeunes diplômés de haut niveau formés à l'esprit d'entreprise se lancent sur le marché mondial du travail. À l'intérieur comme à l'extérieur du pays, ces moins de 40 ans ressemblent beaucoup à leurs homologues occidentaux, depuis leurs jeans de marque jusqu'aux vacances à l'étranger. Avec un pouvoir d'achat qui devrait être multiplié par sept d'ici quinze ans, cette génération est en train de transformer le mode de vie indien.

Pour leurs parents, acheter des bijoux en or était une forme d'épargne. Eux le font pour la parure. Dans les dépenses, le désir, le choix et la commodité prennent le pas sur la nécessité. Les couples cumulant deux revenus deviennent la norme en ville, tandis que se multiplient les supermarchés et les produits alimentaires emballés. Jadis signes extérieurs de richesse, les voitures sont désormais accessibles aux familles de la classe moyenne modeste.

Une autre tendance est révélatrice. Les Indiens qui émigraient en Occident pour gagner de l'argent reviennent en Inde. Le manque d'ingénieurs, de gestionnaires et de professionnels des techniques de l'information offre de nouvelles perspectives d'emploi et de carrière dans le pays. D'autres facteurs interviennent, comme le coût de la vie, l'environnement social et éducatif et le rapprochement avec la famille. Les statuts de citoyen indien d'outre-mer (OCI, *Overseas Citizen of India*) et de personne d'origine indienne (PIO, *People of Indian Origin*) favorisent ces retours.

L'Inde a fait de l'informatique un de ses fers de lance. Les plus grandes sociétés internationales dans ce domaine, comme Microsoft, Google, Hewlett-Packard ou IBM, y sous-traitent programmation et assistance technique. Les fournisseurs locaux commencent à prendre leur autonomie et à sortir de la dépendance pour devenir des concurrents.

Le secteur manufacturier reste comparativement en retard, même si un programme de soutien lancé en 2009 prévoit de doubler d'ici 2014 les exportations de biens et de services.

Les experts prédisent que l'économie indienne aura bientôt la croissance la plus rapide du monde. Le rapport de 2008 sur la richesse en Asie-Pacifique la désignait comme l'un des pays où la population fortunée augmente le plus vite, avec des résultats bien au-dessus de la moyenne pour le PIB. Pour la banque Goldman Sachs, l'Inde sera en 2050 la deuxième économie mondiale après la Chine. Pourtant, la misère y règne toujours.

Un effort mal géré

Pour aider les plus pauvres à subvenir à leurs besoins vitaux, l'Inde dispose d'un réseau de magasins subventionnés où les denrées de première nécessité, comme le riz ou les céréales, sont vendues à prix très bas. Mais ce système de distribution coûte cher et génère à la fois un trafic important (les cartes d'accès valent de l'or pour qui veut revendre ces produits achetés à très bas prix) et une corruption massive. Et la mauvaise gestion de ce service crée un paradoxe intolérable puisque des millions de pauvres souffrent de la faim quand, par négligence, l'Inde croule sous des réserves pourrissant en plein air ou dans des entrepôts.

Un écart grandissant

Selon les estimations, le revenu moyen des Indiens aura doublé en 2020. Mais cette information ne signifie pas grand-chose si on omet de préciser que ce revenu est aujourd'hui de seulement 900 $ par an et que 700 millions de personnes vivent avec moins de 2 $ par jour. La baisse du taux de pauvreté dépasse à peine 1 % par an. Aucun autre pays n'abrite une telle concentration de pauvres, une réalité rendue encore plus noire par les statistiques sur les enfants. En 2007, 46 % des moins de 3 ans avaient souffert de malnutrition. Malgré l'absence de famine, la moitié des enfants indiens ont un poids en dessous de la normale. C'est deux fois plus qu'en Afrique subsaharienne.

La fécondité l'emporte néanmoins sur la mortalité infantile. Avec près de 1,2 milliard d'habitants et une croissance démographique de 1,4 % en 2009, la pression qui s'exerce sur les structures sociales et éducatives noircit les perspectives d'avenir.

Seule la Chine possède une population active plus nombreuse. Aujourd'hui, 500 millions d'Indiens sont en âge de travailler. Beaucoup n'ont même pas les moyens de nourrir leur famille, encore moins d'offrir une éducation à leurs enfants ou de fournir une dot à leurs filles. Par milliers, ils sont attirés à l'étranger par des promesses d'emploi et de revenu. Mais une fois à destination, ils se retrouvent invariablement dans des situations équivalant à de l'esclavage, sans argent et sans possibilité de contact avec une ambassade ou un consulat. Ils ne peuvent même pas prévenir la famille dont ils avaient espéré assurer les besoins.

Les défis sociaux auxquels est confrontée l'Inde pourraient réduire à néant les espoirs d'atteindre un jour la prospérité. Mais ne sous-estimons pas l'abondance de ressources naturelles du pays, ni l'ingéniosité de son peuple.

chapitre 3

Les valeurs de la société

Le sentiment d'appartenance prend chez les Indiens une intensité passionnelle. On pourrait considérer cela comme du nationalisme – et c'est parfois le cas – mais il ne s'agit pas d'un sentiment éprouvé au premier chef pour une entité politique. L'Inde est un puzzle d'innombrables sous-catégories et sous-cultures qui se distinguent par la langue, la caste, le gouvernement local et la religion. Chaque individu y est façonné par de multiples histoires.

À la question « Qui suis-je ? », les indiens ne se contentent pas de la simple réponse « Je suis un Indien ». Ils se définissent aussi en fonction de l'histoire (« Je suis un Anglo-Indien »), de la religion (« Je suis un sikh »), de la caste (« Je suis un nadar »), du groupe ethnique (« Je suis un Assamais »), de l'État où ils vivent (« Je suis un Tamoul ») et d'autres critères qui nous sont inconnus. Tenter de décrire d'un trait ce peuple serait voué à l'échec en raison de son extraordinaire complexité.

Il existe néanmoins des valeurs partagées qui transcendent ces divisions et forment un tronc commun qui leur permet de dire d'une même voix « Je suis Indien ».

Une société hiérarchisée

Impossible d'échapper à la hiérarchie en Inde. Tout et tout le monde a une position sur une échelle par rapport à tout le reste et à tous les autres. Votre place et votre rang dans l'ordre social déterminent comment on vous traite, ce qui est attendu de vous, ce qu'il vous est possible d'accomplir et les voies que vous pouvez suivre.

Regardez où les gens posent leurs fesses. Littéralement. Les personnes d'importance se voient réserver les meilleures places. Même si cette règle ne s'applique pas en ville dans des espaces communs comme les restaurants, il est très courant de voir, en entrant dans une pièce, quelques « pontes » installés sur les fauteuils disponibles au milieu de gens assis par terre. La différence entre qui est « plus haut » et qui est « plus bas » peut vous échapper, mais elle n'échappera pas à un Indien. Chacun connaît sa place.

C'est également vrai au sein des familles, structurées en fonction de l'âge et du sexe. Le langage parlé en offre un reflet. Dans de nombreux contextes, une femme n'appelle pas son mari par son prénom, comme une égale, mais par un titre comme « Papa ». Pour leurs frères et sœurs aînés, les enfants utilisent des suffixes spécifiques comme *annan* (« grand frère » en tamoul) ou *didi* (« grande sœur » en hindi). Dès la plus tendre enfance, les Indiens apprennent à se situer sur une échelle hiérarchique dans la famille, la communauté et la société. Des termes familiaux servent également de marques de respect généraux : *bhai* (« frère ») joue ce rôle dans le Nord, *aunty* et *uncle* (« tante » et « oncle » en anglais) peuvent être entendus de l'Himalaya à la pointe sud du Tamil Nadu.

Les castes

Il s'agit à l'origine d'un concept hindou, une justification religieuse de la structuration de la société en groupes héréditaires hiérarchisés. Selon le *Rig Veda* (l'un des quatre grands textes canoniques de l'hindouisme), les quatre castes originelles, ou *varna*, seraient issues du corps de Brahma, le dieu créateur : les brahmanes (prêtres, enseignants) de sa bouche, les *kshatriya* (souverains, guerriers) de ses bras, les *vaishya* (commerçants, agriculteurs) de ses cuisses et les *sudra* (artisans, serviteurs) de ses pieds. Ces *varna* ont peu à peu perdu leurs liens avec l'activité professionnelle pour devenir des catégories rigides qui encadrent les valeurs et les destins non seulement des hindous, mais de tous les Indiens.

Les sous-cultures régionales et religieuses ayant leurs propres hiérarchies, les castes et sous-castes se comptent aujourd'hui par milliers. L'appartenance à une caste peut, entre autres, se reconnaître au nom de famille, au lieu de naissance et aux traits physiques, dont la couleur de la peau.

Chaque doigt devrait avoir sa propre largeur.
Proverbe tamoul

Certaines personnes vous diront que les castes ont été abolies. C'est vrai sur le papier et en apparence. On ne peut nier les ouvertures éducatives et professionnelles faites aux « membres des castes inférieures » ou aux « sans caste ». Mais la caste reste toujours indiquée sur certains documents administratifs. En ville, la question semble moins primordiale : dans les bus bondés, difficile de savoir contre qui vous vous retrouvez serré ; dans un restaurant, vous n'allez pas contrôler qui fait la cuisine ou qui a pris place à la table voisine ; dans la rue, les gens ne portent plus les vêtements propres à leur caste et ne portent pas de signe distinctif. De nombreux Indiens ont en outre changé de nom pour éviter qu'il révèle leur origine. Dans ces contextes citadins, c'est la classe sociale, déterminée par le niveau d'éducation et le revenu, qui prend le pas.

Mais les vieilles habitudes restent gravées dans les esprits. Son histoire personnelle et collective dote tout Indien d'un radar constamment en quête d'indices lui permettant de se situer dans le puzzle du système des castes. Quelles que soient ses opinions, face à une personne d'un rang inférieur, il lui faut faire un effort conscient et soutenu pour réussir à se montrer « amical ». Et quand le moment vient de prendre des décisions essentielles, comme de se marier, les bonnes résolutions n'ont plus cours.

Et puis il y a les Intouchables, également appelés *dalit* ou *harijan*. Ils représentent 16 % de la population et étaient traditionnellement considérés comme trop bas pour appartenir à une caste. Avant l'indépendance, ils ne pouvaient circuler dans les villes au crépuscule, car leurs ombres allongées par la lumière rasante risquaient de toucher celle d'un membre d'une caste plus élevée. Par tradition, c'est à eux que revenaient les métiers dits « impurs » : boucher, pêcheur, sage-femme, de même que le lavage du linge, le traitement des cadavres d'animaux, le ramassage des ordures, la garde des cimetières… Pour leur permettre d'échapper à leur état discriminatoire, un de leurs leaders politiques, Bhimrao Ramji Ambedkar, a organisé en 1956 une conversion de masse au bouddhisme. Depuis, ils ont été des millions à suivre cette voie, certains se tournant plutôt vers le christianisme. Mais les bouddhistes ont beau considérer toute distinction comme irréelle et les chrétiens affirmer l'unité de tous les croyants, la réalité sociale indienne l'a emporté sur le dogme religieux. Les Intouchables sont devenus une cinquième caste, les *scheduled* (« caste répertoriée »), les aides mises en place en leur faveur par le gouvernement ayant abouti à ce paradoxe discriminatoire qui n'a, au final, pas apporté de solution viable au problème de ces « parias ».

C'est Gandhi qui donna le nom de *harijan* (« enfant de Dieu ») aux Intouchables, mais ces derniers se reconnaissent mieux dans celui de *dalit*, qui signifie « opprimé ».

Les classes

L'appartenance à l'une des trois classes sociales distinguées par les Indiens dépend de la caste. D'abord viennent les *forward castes* (castes les plus hautes), puis les *backward castes* (moyennes et basses castes) et enfin les *dalit*. Sauf exception, la prospérité de chacun découle de la position dans ce classement, car les opportunités d'accès à l'éducation, à un emploi ou une promotion en dépendent.

Un élément nouveau est en train de changer la donne : le développement rapide d'une classe moyenne. Selon la définition du National Council of Applied Economic Research, ses membres ont un pouvoir d'achat annuel de 13 000 à 130 000 € et représentent 6 % de la population. Mais ce chiffre grimpe à 20 % si l'on étend les critères pour y inclure les consommateurs qui ont les moyens de posséder un téléphone, une voiture et un téléviseur couleur. Selon les estimations, le pouvoir d'achat de cette catégorie économique devrait être multiplié par onze au cours des quinze prochaines années.

Qui possède la badine possède le buffle.
Proverbe hindi

Appartenir à ce groupe social permet d'espérer un sort meilleur pour soi et pour ses enfants quand on ne relève pas, par la naissance, des classes traditionnellement aisées, hiérarchiquement élevées et riches en perspective d'avenir. Les individus qui forment ce groupe, gros agriculteurs, propriétaires de PME ou cadres de grandes sociétés, exploitent toutes les opportunités de créer de la richesse, selon des modes inconnus des générations précédentes.

Il en résulte une tension imprévue entre accomplissement personnel et identité individuelle et collective. Alors qu'ils ont été élevés pour se considérer comme un élément d'une famille, d'une caste et d'une communauté, et pour prendre leurs décisions dans ce cadre, les nouveaux membres de la classe moyenne ne sont pas préparés à la liberté d'expression et à l'égocentrisme que permettent l'aisance financière et des relations professionnelles et personnelles plus étendues. Un fils respectueux aurait économisé pour acheter une voiture à ses parents ou financer les études de jeunes cousins. Mais s'il vit et travaille dans une autre ville ou un autre pays, qui va savoir que son excédent de revenu part dans le crédit de sa Harley-Davidson ou les sorties avec sa dernière petite amie ?

Ce statut économique est principalement le fruit d'un dur labeur et d'habiles investissements. Mais la logique indienne pousse à y voir une manifestation du *karma* et une supériorité de naissance. Certains de ces *self-made-men* qui forment la classe moyenne trouvent ainsi naturel de refuser à d'autres le respect qu'ils ont eux-mêmes gagné. Et ce chemin vers la prospérité reste fermé à une grande partie des Indiens. Les castes *backward* et *scheduled* représentent la moitié de la population mais ne comptent que pour 13 % de la classe moyenne. Malgré les investissements publics dans le domaine de l'éducation, rares sont leurs membres à atteindre le niveau scolaire permettant d'entrer à l'université. Une politique de discrimination positive leur a permis d'entamer une ascension sociale dans la fonction publique, mais la lourdeur des hiérarchies en place et le poids des préjugés la freinent.

Il demeure difficile pour les membres de la classe moyenne de se considérer comme une classe unique, car le sentiment que chacun a d'appartenir surtout à une caste ou à une religion reste très enraciné. Malgré leur poids économique considérable, ce manque d'identité collective laisse la classe moyenne un peu à l'écart du pouvoir auquel elle pourrait réellement aspirer.

La place des étrangers

L'équité et l'égalité à l'occidentale n'ont pas cours en Inde. Elles n'y sont d'ailleurs pas perçues comme des valeurs nécessaires ni même opportunes.

Les Occidentaux ont eux aussi des hiérarchies basées sur l'histoire nationale, la classe sociale, les préjugés familiaux et la trajectoire personnelle. Mais, pour la plupart, ces statuts demeurent susceptibles d'évoluer avec le temps ou au prix d'une démarche volontaire. Cette liberté qui nous paraît naturelle est étrangère à la réalité d'un Indien. Pour lui, c'est sa caste et sa famille qui déterminent son identité, sa place au sein de la collectivité, sa formation, sa carrière et ses relations personnelles.

Pour les personnes nées « au-dessus », être traitées avec déférence est un droit fondamental et justifié, car le rang de naissance de chaque individu découle de ses actions dans ses vies antérieures. Si un « inférieur » néglige ce « droit » inné, par exemple en désobéissant ou en ignorant une injonction, il encourt la honte, la disgrâce et des sanctions sociales. Et ce châtiment s'abattra non seulement sur lui, mais aussi sur sa famille et toutes ses relations. Si vous travaillez ou séjournez longtemps en Inde, prenez garde à ne pas oublier cette règle fondamentale : humilier par inadvertance un collègue ou un supérieur peut vous mettre dans une situation de paria qui vous empêcherait de pouvoir mener à bien vos tâches.

Devoir concilier ses convictions intimes tout en se pliant à ce système de valeurs étranger est une source potentielle de conflit intérieur. Le point de vue indien n'a toutefois pas que des désavantages pour un Occidental, qui se verra automatiquement accorder les égards dus à un membre d'une classe supérieure, surtout s'il est le « chef ». Les Occidentales à la peau claire semblent aussi appartenir à une catégorie particulière qui leur procure une liberté, des privilèges et un respect souvent refusés aux Indiennes.

Mais ce traitement de faveur ne concerne pas tous les visiteurs. Comme dans beaucoup d'autres endroits du monde, les personnes au teint foncé sont victimes de discrimination ou de mauvais traitements. Qu'elles soient originaires d'Inde, d'Afrique ou d'Europe, elles se retrouvent au bas de l'échelle sociale.

Enfin, les habitants des pays voisins doivent aussi affronter de vieux préjugés et des stéréotypes ancrés. La Chine, au nord, fait peur. Au sud, la guerre civile entre Tamouls et Cingalais a laissé des traces, même si elle s'est déroulée au Sri Lanka. Incidents et conflits n'ont cessé d'envenimer les rapports avec le Pakistan depuis la partition de 1947 (voir page 22).

Karma et destin

Le concept de *karma* a beau appartenir à la doctrine hindoue, il affecte tous les Indiens. Tous croient qu'il existe une force extérieure, un pouvoir universel, qui décide de leur existence.

Dans un monde où la place de chacun dépend uniquement de la naissance et de la caste, et où on doit laisser à d'autres les grandes décisions concernant sa propre vie, il peut être confortable de se reposer sur le « destin ». « C'était son destin » est l'explication courante d'événements aussi bien dramatiques – comme le décès d'un proche – qu'heureux – comme la réussite financière d'un ami.

La notion de *karma* incite à faire le bien en vue d'améliorer sa propre vie, au moins dans l'avenir ou pour une prochaine réincarnation. Elle peut aussi servir d'échappatoire, par exemple pour se dédouaner de l'échec de son mariage ou ses difficultés professionnelles. Elle offre aussi une justification toute prête à ceux qui refusent d'aider les pauvres, préférant les abandonner à leur sort « mérité », à leur « destin ».

Selon la croyance hindoue, il faut 52 millions de naissances avant de renaître comme un être humain. C'est pourquoi la vie sous la forme humaine ne doit pas être gaspillée. Cette conception induit aussi une perception plus apaisée de la vie que dans la philosophie occidentale, car chacun sait qu'il lui sera possible de terminer dans sa prochaine vie ce qu'il n'a pas achevé dans la présente.

La famille

Pour un Indien, la famille, c'est le réseau complet de personnes avec qui il a des liens de sang ou de mariage, qu'elles vivent réunies sous un même toit ou qu'elles soient éparpillées dans le monde entier. C'est dans le cadre de cette famille élargie que se forme l'identité de l'individu et que les codes moraux sont transmis et appliqués. C'est d'elle dont on dépend pour sa survie et son bien-être.

L'individualisme, l'autonomie et l'indépendance, valeurs hautement estimées en Occident, vont à l'encontre de celles qui sont chères aux Indiens. Les notions comme « mon bien », « mon espace » ou « ma décision » sont étrangères au mode de pensée traditionnel de l'Inde, car de telles limitations sont ridicules face à l'importance de la famille. Quiconque agit sans consulter personne se montre égoïste et mauvais. La méthode classique pour faire rentrer dans le rang un tel rebelle consiste à lui faire honte, devant témoins ou en passant par le bouche-à-oreille familial (A raconte à B qui raconte à C, et ainsi de suite, jusqu'à ce que le message parvienne aux oreilles de l'intéressé).

Comme personne n'accomplit rien tout seul, les relations sociales et les responsabilités collectives sont prioritaires. La famille apporte son aide à tous et pour tout, depuis l'inscription dans une école jusqu'au choix d'une épouse ou le prénom d'un bébé. Il n'est pas rare de voir un homme d'affaires prendre plusieurs jours de congé pour participer à une fête religieuse ou assister au mariage de ce qui pourrait apparaître comme un cousin très éloigné. Il ne fait pas preuve de désinvolture, mais assume des responsabilités qu'il estime avoir à prendre en charge, même s'il manque d'enthousiasme. Un investissement actif dans les événements rythmant la vie entre la naissance et la mort renforce l'identité de la famille. Il vous garantit que les autres seront là pour vous comme vous êtes là pour eux.

Si tout le monde essaie en même temps, même une montagne peut être déplacée.
Proverbe malayalam

Pur et impur

Il existe en Inde deux grands groupes sociaux à l'extérieur de la structure familiale classique. Que leurs membres soient révérés ou méprisés, ils sont tenus à distance. Ils n'en jouent pas moins un rôle précieux pour la société.

Les sadhu

Leur nom signifie « saint homme » et c'est ainsi que les considèrent les hindous. Ces ascètes se libèrent de leurs responsabilités familiales et collectives, ainsi que de leurs possessions et du confort matériel, pour s'engager sur le chemin de l'« Illumination », selon la tradition bouddhique. Présents partout dans le pays, ils se comptent par millions, dont plusieurs centaines de milliers de femmes, les *sadvhi*.

Nombreux sont les *sadhu* et les *sadvhi* reconnus pour leur enseignement ou recherchés pour leur bénédiction. Certains sont redoutés pour leurs pouvoirs occultes et leurs pratiques étranges. Quelques-uns errent seuls, ayant fait vœu de silence. D'autres appartiennent à des sectes vénérant un dieu particulier. Le motif et la forme de la marque qu'ils portent au front indiquent cette appartenance. Leur allégeance détermine aussi la couleur de leur tunique, ou *longhi*. Ils survivent de dons et vous en verrez souvent assis un bol à la main dans la rue. Lors des grands rassemblements, il arrive que les *naga baba* (« pères nus ») paradent sans vêtements, leur corps simplement couvert de cendres.

Pour les hindous, qu'ils révèrent les *sadhu* comme des dieux ou redoutent les pouvoirs qu'ils leur attribuent, ces ascètes leur rappellent l'irréalité du monde matériel.

Les hijra

Transsexuels, hermaphrodites ou eunuques, par la naissance, par contrainte ou par choix, les *hijra,* ou *aravani,* offrent un exemple frappant des grands paradoxes de la culture indienne. Considérés à la fois comme sacrés et impurs, ils sont tenus à l'écart et forment des communautés ne comprenant que des représentants du « troisième sexe », selon la définition qu'ils se donnent. Les estimations sur leur nombre varient énormément, mais ils seraient environ 1 million. Certains se « marient » et forment des « familles » de « sœurs ». D'autres se prostituent auprès des hommes. Des gourous président au destin des communautés, dont les membres peuvent être exclus s'ils n'en respectent pas les règles.

Perçus comme porteurs de fertilité, les *hijra* participent, contre rétribution, aux mariages pour garantir la fécondité du jeune couple. On leur attribue aussi la capacité de libérer un nouveau-né des fautes commises dans ses vies antérieures. Leurs pouvoirs inspirent par contrecoup la méfiance, car ils les rendent capables de donner le « mauvais œil ».

Honte et honneur

Sortir des limites ne met pas en jeu sa seule réputation, mais aussi celle de sa famille. L'honneur est un attribut de naissance, basé sur la caste et la classe. Un « bon » ou un « mauvais » mariage l'augmentera ou le diminuera. Mais échouer à respecter le cadre des valeurs culturelles et sociales peut le réduire à néant. C'est pourquoi chacun doit défendre par tous les moyens l'honneur *(izzat)* de sa famille et de sa communauté.

Parents, enseignants, cousins, représentants des autorités religieuses et gouvernementales, et mêmes personnes extérieures, tout le monde connaît le rôle qu'il doit jouer dans la vie de ceux qui l'entourent pour maintenir l'honneur de la famille, de la communauté et du pays. Les enfants n'ont pas d'autre choix que de se conformer aux attentes collectives sous peine de sarcasmes ou de châtiments corporels. Prendre des personnes en exemple compte parmi les moyens courants d'enseigner ce qu'est une « attitude convenable » et de désigner clairement les résultats attendus. Erreurs, gaffes et échecs, que ce soit dans le domaine de la morale, de la conduite ou de l'école, sont punis et dissimulés. L'honneur en dépend.

La perte de l'honneur a des conséquences graves et étendues. Les familles sont boycottées. Les parents ont du mal à trouver à marier leurs enfants. Les relations sociales et professionnelles en souffrent. Dans les cas les plus extrêmes, ceux qui ont apporté la honte à la famille, ou leurs parents, en arrivent à se suicider.

Le rôle des femmes

L'attitude envers les femmes compte parmi les paradoxes culturels de l'Inde. Selon le *Manusmrti* (voir page 13), une femme n'a pas d'existence en dehors de celle de son mari ou de sa famille. Pourtant, non seulement les déesses font l'objet d'un culte, mais elles ont leur place parmi les déités les plus redoutées. À leur image, les femmes sont révérées pour leur pureté et craintes pour leur puissance. Ce qui n'empêche pas de les traiter comme une possession. Une possession précieuse, mais une possession.

On attribue à la femme le pouvoir de causer la perte de toute une famille. Car si les hommes sont les gardiens de l'honneur, y compris de celui des femmes, celles-ci sont responsables de leur propre conduite, mais aussi de celles de leurs enfants et de leur époux. Si l'un d'eux commet une faute, la disgrâce qui en résulte risque de leur être attribuée.

L'honneur perdu pour une noix de béthel ne reviendra pas en offrant un éléphant.
Proverbe kannada

Le partage traditionnel des tâches figure parmi les moyens dont les hommes défendent l'honneur familial. Cet arrangement a des avantages pour les deux parties. Par exemple, un chef de famille se chargera des courses pour éviter à son épouse ou à ses filles de se mêler à la foule, où elles sont exposées aux propos et aux gestes déplacés.

Chez elles, les femmes peuvent accroître leur honneur et celui de leur famille en régentant des domestiques. Les dames de haut rang n'ont pas à passer le balai, cuisiner ou conduire. On s'en occupe pour elle. Cette interdépendance remplit d'ailleurs des besoins de tous ordres au sein de la collectivité. Avoir un serviteur n'apporte pas seulement du prestige à la famille, mais contribue aussi à la survie de nombreuses personnes. Bien que les femmes de tous les échelons de la société aient de plus en plus souvent un emploi à l'extérieur, elles restent soumises à la pression culturelle qui les pousse à se conduire avant tout en épouses et en mères, selon le modèle traditionnel.

Le 9 mars 2010, le conseil des États a fait progresser d'un grand pas l'égalité des sexes en décidant à une forte majorité de réserver aux femmes un tiers des sièges au Parlement.

Dans un pays où les mariages arrangés restent la règle, les crimes d'honneur ont eu tendance à se multiplier ces dernières années, pour « laver la honte » de la famille après une union jugée déshonorante. En mai 2011, la Cour suprême indienne s'est prononcée en faveur de la peine de mort pour ceux qui se rendent coupables de tels crimes.

Une étrangère voyageant ou habitant en Inde sera très probablement confrontée au meilleur et au pire des hommes qui y vivent. Connaître quelques petits trucs pratiques (voir pages 115 et 137) contribuera à lui éviter des désagréments et l'aidera à préserver son honneur. Le mieux consiste à s'attacher à une famille, à se placer sous la protection du père et des frères et à se laisser guider par la mère et les sœurs. La démarche est source de frustrations, elle va à l'encontre de plus d'une valeur occidentale et de l'idée que de nombreuses femmes se font d'elles-mêmes. Mais l'expérience se révèle pleine d'enseignements.

Pureté et tolérance

C'est la notion de pureté qui sous-tend implicitement l'opposition entre honneur et honte. En observant les conditions d'hygiène déplorables qui règnent dans les rues, il est certes difficile de croire que la pureté est très recherchée dans ce pays. Mais il ne s'agit pas de se préserver des microbes. Il s'agit de tenir à l'écart toute chose ou personne ayant le pouvoir de contaminer l'honneur, la morale, la caste ou l'identité.

L'Inde est réputée pour sa tolérance. Au cœur du discours de Gandhi, la tolérance a joué un rôle essentiel dans le processus de démocratisation et de laïcisation du pays depuis l'indépendance. Mais les Indiens ne lui donnent pas le même sens que nous. Ils ne la voient pas comme une acceptation des différences consistant à placer sur un pied d'égalité des approches divergentes. Ils reconnaissent juste que les différences sont inévitables et qu'elles doivent être supportées pour permettre à son propre groupe de survivre. En fait, ce n'est pas à la tolérance qu'ils attribuent de la vertu mais à la coexistence.

Dans tous les villages comme dans toutes les villes, des personnes très différentes vivent et travaillent côte à côte. Mais des règles et des attributions précises de rôles, pas toujours aisées à discerner pour les non-initiés, entretiennent une distance relationnelle et des démarcations sociales. Par exemple, les interdits familiaux et communautaires sur la conversion et les mariages mixtes ont pour effet de préserver la pureté de la pratique religieuse et de la lignée. C'est avec fierté que les Indiens relèvent les différences entre leur peuple et tous les autres. Des stéréotypes contribuent à définir les limites, à identifier la spécificité et les valeurs du groupe : « nous » sommes comme ceci, « ils » sont comme cela ; « nous » faisons ceci, « ils » font cela. Le même procédé s'applique aux étrangers. Les films et les productions télévisées en provenance de l'Occident, en particulier des États-Unis, ont donné de tous les Occidentaux une image indélébile de corrupteurs de la morale, de la religion et de la famille. L'urbanisation, l'éducation et la mondialisation sont néanmoins en train de remettre en question les codes traditionnels. La trame culturelle tissée par les concepts de pureté sociale et religieuse se relâche chez les jeunes citadins.

L'habit fait l'homme (et la femme)

Pendant la lutte pour l'indépendance, Gandhi rendit populaire le *khadi*, une cotonnade tissée main. La *khadi kurta* (chemise à l'indienne) reste une référence pour les hommes politiques. Elle a pour complément traditionnel le *dhoti*, un pan de tissu rectangulaire noué en pantalon lâche. Jadis utilisé partout au quotidien, il ne l'est plus que dans les villages et certaines parties du Rajasthan. Dans le reste de l'Inde, où la plupart des hommes s'habillent à l'occidentale, il ne ressort que pour des occasions particulières. Dans le Sud, il arrive encore que les hommes portent le *lungi* (sorte de sarong) pour se mettre à l'aise chez eux ou effectuer certaines tâches.

Chez les femmes, la tenue traditionnelle reste très répandue : elles portent très souvent le sari, large bande de tissu dont elles se drapent, ou le *shalwar kameez*, un ensemble composé d'un pantalon et d'une longue tunique. Les jeunes citadines qui ont adopté le jean l'associent le plus souvent à un haut de style indien.

En visiteur respectueux, vous éviterez les shorts et les débardeurs, malgré les températures souvent très élevées. Pour une femme, le meilleur moyen de combattre la chaleur avec élégance consiste à adopter le *shalwar kameez*. Vous pourrez l'acheter en prêt-à-porter ou le faire tailler sur mesure en une journée.

Ne vous fiez pas aux films populaires : il n'est pas bien vu de laisser trop d'épiderme apparent, même en sari. La *dupatta* (écharpe) et le *pallu* (pan libre du sari) sont là pour cacher au regard masculin la tête, les épaules, la poitrine et le ventre.

Hospitalité, générosité et réciprocité

La chaleur des salutations entre amis qui se croisent sur la route, le sourire d'accueil à la porte d'entrée, le thé offert dans une boutique... La merveilleuse hospitalité des Indiens se manifeste dans chaque geste quotidien.

Pour eux, le divin accompagne ou demeure en chaque être, et offrir l'hospitalité à un inconnu revient à servir un dieu. Il est rare qu'ils ne proposent pas le meilleur de ce qu'ils possèdent à qui franchit leur seuil. Mais un étranger mal informé des circonstances économiques ou des attentes implicites peut ne pas se rendre compte de tout ce que ses hôtes sacrifient pour lui fournir ce qu'il considère peut-être comme ordinaire ou même déplacé.

Un villageois miséreux n'hésitera pas à servir à un visiteur inattendu – mais jugé important – le poulet qu'il élevait pour une cérémonie familiale. Une boîte de bonbons remercie une invitation à dîner. Un homme de retour d'un long séjour outre-mer revient avec des cadeaux extravagants pour ses parents, tantes, oncles et cousins, ainsi que pour une myriade d'amis de la famille. Une nouvelle connaissance offre un collier en or à votre nouveau-né. Partager les ressources, que ce soit en donnant de la nourriture à un mendiant ou en accordant un prêt substantiel à un ami, facilite la vie des individus tout en entretenant l'ordre social.

Les rapports économiques en vigueur pendant des siècles ont façonné cette tradition de générosité. La prospérité du propriétaire terrien dépendait de la survie de ceux qui exploitaient ses terres, et inversement. Le premier prêtait de l'argent aux seconds qui remboursaient leur dette par leur labeur. Mais, comme dans de nombreux cas cette dette devenait trop lourde pour être jamais apurée, des générations de paysans ont servi des générations de possédants. Ce mode de relation entre classes sociales inégales fonctionne toujours non seulement dans les villages, mais aussi au sein des entreprises, des familles et des collectivités.

Les visiteurs étrangers perçoivent rarement ce qui sous-tend les situations. Très souvent, cette hospitalité ou cette générosité sont motivées par l'espoir d'un retour : un voisin surveille votre maison pendant un voyage, vous portez à manger à sa grand-mère à l'hôpital ; une domestique a bien servi votre famille pendant des années, vous contribuez aux frais de son mariage. Les occasions au cours desquelles les Indiens échangent des cadeaux sont rares, mais ils gardent toujours en tête un « arrêté des comptes » qui leur permet d'offrir des présents ou une hospitalité appropriés aux personnes appropriées et au moment approprié.

Dans de nombreuses cultures, il est normal que chacun paie sa part lors d'une sortie. Pas en Inde. Celui qui invite règle la totalité de la note (voir page 71).

L'importance de l'amitié

L'amitié n'a rien d'un rapport superficiel en Inde, c'est un lien de toute une vie. Les amis d'enfance, les copains de classe et les camarades d'internat procurent tout au long de l'existence une compagnie fidèle et un sentiment d'appartenance. Ils ouvrent aussi des opportunités sociales et professionnelles.

Les Indiens se montrent souvent chaleureux, extravertis et d'une grande loyauté. Ils n'hésitent pas à se mettre en quatre pour répondre aux besoins de leurs amis et leur apporter une aide active en période de crise. Si un Indien vous considère comme son ami, vous entrez dans une relation – et un réseau de relations – qui implique des responsabilités. Car l'amitié ne va pas sans attentes qui prennent parfois les Occidentaux au dépourvu.

Dans une société individualiste ou centrée sur le travail, il est possible de reprendre une relation comme si de rien n'était après plusieurs semaines ou quelques mois passés sans avoir donné de nouvelles. Un Indien éprouvera de la peine ou du ressentiment face à une telle désinvolture. Les amis sont « de la famille » et ils exigent un engagement plus soutenu.

Le temps extensible

Vous aurez probablement l'occasion de tomber sur l'acronyme IST, pour « *Indian Standard Time* », l'heure officielle. Une vieille plaisanterie lui donne un autre sens : « *Indian Stretchable Time* », « le temps extensible indien ». En hindi, le même mot, *kal*, désigne aussi bien hier que demain. C'est le contexte qui fait la différence et, en Inde, c'est le contexte qui compte, pas la pendule. Les Indiens n'ont pas pour autant l'habitude d'arriver en retard au travail, et leurs trains partent à l'heure et n'attendent personne. Mais les gens et les circonstances prennent le pas. On ne « perd » jamais son temps pour quelqu'un.

Lorsqu'on arrive, en bon Occidental, d'un endroit où revenus, considération et satisfaction personnelle découlent d'un usage efficace de son temps, saisir l'intérêt du temps extensible n'est pas aisé. Mais y parvenir a des avantages. C'est manifester de la considération que de laisser la conversation ou l'activité suivre son cours sans se précipiter vers quelqu'un ou quelque chose d'autre. Bavarder en prenant le thé entretient les liens et permet de forger de nouvelles alliances.

Qui se précipite a un fossé devant lui.
Proverbe penjabi

Préparez-vous à ce que tout prenne plus de temps que vous ne le pensez. Une course qui n'aurait demandé qu'une demi-heure chez vous peut exiger toute une matinée en Inde. Vous risquez de ne jamais voir arriver la personne avec qui vous avez rendez-vous, ou de ne pas disposer au moment convenu du travail que vos collègues s'étaient engagés à fournir. Relâchez la pression, sur vous-même comme sur les autres. Réduisez vos attentes sur ce qui peut être accompli en une journée. Le meilleur remède contre l'IST consiste à se résigner à la patience tout en gardant sous la main un petit quelque chose à faire en attendant. Parce que vous allez attendre, ne vous faites pas d'illusion !

N'essayez pas d'entrer en guerre contre l'IST. Même les Indiens qui se servent de la formule pour justifier leurs retards n'aiment pas attendre quand ils sont à l'heure. Mais ils savent que c'est une réalité incontournable dans leur pays. Aussi agaçant qu'il soit, ce rythme plus lent possède des vertus thérapeutiques pour qui réussit à ajuster ses perspectives. Il peut même se révéler très agréable.

chapitre 4

Les Indiens chez eux

Un habitat contrasté

Gratte-ciel résidentiels à Delhi et Calcutta, amas d'appentis et de bicoques délabrés à Bombay et Madras, maisons blanches entourées de jardins tropicaux au Kerala, édifices polychromes à toits en terrasse dans le Rajasthan… Atterrir sur un grand aéroport en Inde offre un aperçu de la diversité de ce que les Indiens appellent « chez moi ».

En train, vous passerez devant quelques-uns des 500 000 villages du pays. Ces habitations bleu vif à couverture de chaume, ces hameaux aux tuiles rouges et ces cabanes sur pilotis au-dessus de rizières verdoyantes abritent 75 % de la population rurale.

Richesse et pauvreté extrême se côtoient dans toutes les zones urbaines. Des bidonvilles s'étendent sous les fenêtres des villas des privilégiés, des ouvriers à la journée dorment à même le trottoir devant les immeubles qu'ils construisent pour la classe moyenne, des familles privées de tout se débrouillent comme elles peuvent avec un bout de plastique et quelques morceaux de bois et de ferraille récupérés en mendiant.

Que « la maison » soit une pièce unique dans une habitation abritant plusieurs familles ou une demeure dallée de marbre de plusieurs étages, le foyer familial remplit les mêmes fonctions que n'importe où dans le monde. C'est un lieu où se poser, faire la cuisine et dormir. Traditionnellement, des plates-formes en planche ou en corde tressée appelées *chaarpai* offrent de la place où s'asseoir à plusieurs. Les membres de la classe moyenne ont plutôt un salon équipé d'un canapé, de fauteuils et d'un téléviseur. Les chambres sont partagées. Il est très fréquent qu'une mère et ses enfants dorment dans le même lit. Casseroles et marmites en inox et en cuivre emplissent la cuisine. Parfois, une deuxième cuisine en plein air facilite la préparation de plats exigeants en main-d'œuvre et préserve l'intérieur des odeurs de cuisson. Le réfrigérateur a sa place dans la salle à manger, et on y trouve aussi parfois un lavabo où se laver les mains avant et après les repas. Très souvent, un espace est réservé au culte ou à la prière. Chez les hindous, les femmes disposent d'un petit autel où accomplir les rituels quotidiens pour le bien-être de la famille.

Une difficile intimité

En Inde, il n'est pas facile de préserver ce qu'un Occidental considère comme une vie « privée », à savoir disposer d'un espace à soi, à l'abri des intrusions, et pouvoir garder confidentielles certaines informations. Car l'intimité ne dépend pas là-bas de ce qui est gardé à l'abri des regards, mais de ce que les regards se gardent de relever.

Les Indiens apprennent très tôt à regarder sans voir. Dans les campagnes, les champs servent aussi de lieux d'aisance. Dans les villes, les fontaines font office de bains publics pour des adolescents en sarong ou en short. Des femmes n'ont que les rivières pour se laver discrètement. De nombreuses personnes se serrent dans de minuscules logements : une famille étendue dans une cabane de deux pièces, un couple et ses enfants dans une chambre d'appartement. Malgré tous ces obstacles aux tête-à-tête, 18 millions de bébés naissent chaque année. L'intimité est respectée parce que les autres détournent les yeux ou font comme si de rien n'était.

Regarder sans voir exige beaucoup d'un visiteur bombardé de spectacles nouveaux et fascinants. Mais, par respect pour les gens autour de vous, il vous faudra apprendre à les ignorer. Si vous n'y parvenez pas, regardez au moins du coin de l'œil.

Dans un foyer indien, il n'existe rien qui ressemble à un petit coin à soi. Si vous passez à l'improviste, vous pouvez très bien trouver ses occupants confortablement installés sur le lit conjugal avec des amis pour bavarder ou faire une sieste. Les chambres font partie de l'espace commun et il n'est pas d'usage de frapper avant d'entrer. Même dans les hôtels, le personnel a tendance à ouvrir immédiatement après un toc-toc de pure forme. Si vous tenez à votre intimité, il vous faudra fermer le verrou ou tourner la clé. Chercher à vous isoler un peu marchera peut-être avec certaines personnes, mais pas avec toutes. D'autres mettront au contraire un point d'honneur à vous tenir compagnie.

Question d'hygiène

Les appartements de la classe moyenne renferment une salle de bains et des toilettes. Parfois, une cuvette et une tasse tiennent lieu de douche. Dans leur grande majorité, les Indiens n'utilisent pas de papier toilette. Ils ne le trouvent pas hygiénique ! Si le W. C. est séparé, un point d'eau et un récipient permettent de se laver. Dans l'hypothèse où vous trouveriez quand même du papier, il vous faudra probablement le déposer après usage dans une poubelle plutôt que de risquer d'en encombrer les canalisations.

Secrets de famille

Les Indiens n'en entretiennent pas moins une sphère strictement privée. Il est des « déshonneurs » que même les amis proches et la famille étendue doivent ignorer. De nombreuses sociétés occidentales traitent avec une relative ouverture des sujets comme les problèmes mentaux, la dépression nerveuse ou les violences sexuelles ou physiques. En Inde, la schizophrénie d'une grand-mère, les rages alcooliques d'un père, le handicap mental du fils d'un cousin, le divorce d'une tante ou le viol d'une sœur sont des secrets âprement gardés. La réputation de la famille, son statut social et les possibilités de mariage des filles en dépendent. Qu'il soit normal à vos yeux de disserter sur les troubles psychologiques qui ont touché vos ascendants, de décrire les péripéties d'un divorce ou d'évoquer des cas de violence ne changera rien aux tabous de vos interlocuteurs. Aborder ces questions délicates vous fera forcément perdre le respect et la confiance des membres de votre entourage. Les relations risquent de se tendre au travail et vos amis pourraient cesser d'apprécier votre présence.

Les possessions ne sont pas « à moi » mais « à nous ». Les membres de la famille et les amis proches s'empruntent toutes sortes de choses, y compris de l'argent, sans juger toujours nécessaire de le rendre. Il ne s'agit pas de vol ou de négligence, mais d'un partage des biens communs.

La structure familiale

L'homme a conservé son rang de chef de famille. Quand plusieurs générations vivent sous le même toit, le plus âgé est roi. L'épouse n'en a pas moins une position élevée dans la hiérarchie.

La relation familiale la plus importante est celle qui lie la mère et son fils premier-né. Donner naissance à un garçon renforce la situation d'une épouse et assure ses vieux jours. C'est en effet au fils aîné qu'incombe la responsabilité de prendre soin de ses parents lorsqu'ils deviennent âgés. Son mariage n'a pas seulement d'importantes conséquences pour lui, mais aussi pour ses parents et ses sœurs célibataires.

L'Inde s'est longtemps enorgueillie d'un des plus faibles taux de divorce de la planète (environ 1 % à la fin des années 1980). Mais, en vingt ans, il a grimpé à 7 % dans les villes. Cette croissance rapide est le signe d'une brutale évolution en cours. L'éparpillement des familles étendues, l'indépendance financière des femmes, les pressions exercées par le travail et la gestion du temps sur les couples dont les deux membres travaillent, l'augmentation du niveau d'éducation, une meilleure connaissance des lois et une mise en perspective, par le biais des médias, avec d'autres modes de vie dans le monde, provoquent un changement des attentes dans les nouvelles générations et sont en train de redéfinir la façon de concevoir le lien conjugal et les projets et désirs de vie de la jeunesse indienne.

La vie quotidienne

La maîtresse de maison se lève avant le soleil. Avec l'aide de domestiques ou d'autres femmes de l'habitation, elle prépare le petit déjeuner et pratique les actes de dévotion indispensables. Puis elle réveille les hommes et les enfants. Après le petit déjeuner, tout le monde part s'acquitter de ses tâches, extérieures ou domestiques.

Pour une vaste majorité, travailler ne permet rien de plus que d'assurer sa survie. Un enfant sur deux seulement fréquente l'école. Les autres aident à la maison ou travaillent, s'ils sont en âge, pour contribuer au budget familial.

Le blanchisseur ou la blanchisseuse passe chaque semaine collecter le linge sale et rapporter le propre fraîchement repassé. Pour un coup de fer d'urgence, il y a généralement moyen de se dépanner dans le quartier proche. Celui-ci regroupe aussi des commerces où acheter tout le nécessaire à la vie quotidienne, du lait et des œufs aux balais et aux poubelles.

Cuisiner est une occupation à plein temps pour de nombreuses femmes. Celles qui ne peuvent se permettre le luxe d'un réfrigérateur doivent faire les courses tous les jours. Malgré la construction de supermarchés dans les villes, la plupart des gens continuent de s'approvisionner au marché local ou dans des commerces tenus en famille. Le boucher et le poissonnier connaissent leurs clients et ce qu'ils ont l'habitude d'acheter. Ils font crédit, n'exigeant le solde qu'à date convenue. Ils effectuent aussi des livraisons.

Les Indiens prennent de deux à quatre repas par jour selon leurs revenus, leur profession et leur mode de vie. Le déjeuner est le plus important. Certaines écoles publiques servent aux enfants du riz et du *dhal* (lentilles). La plupart des écoliers, et leurs parents employés, emportent leur nourriture dans un *tiffin*, une gamelle métallique comportant parfois plusieurs étages.

Le « thé » de début de soirée peut aller du simple *chai* au *tiffin* (le mot désigne dans ce cas un repas léger). C'est une occasion de visites. Des amis, des collègues ou des parents passent bavarder. Le dîner débute entre 20 h et 23 h.

Quand les deux parents travaillent et sont soumis à de longs trajets dans une circulation chaotique tout en devant veiller au bien-être de leurs enfants, répondre aux attentes de la famille étendue et garder porte ouverte aux visites, les journées ne sont pas de tout repos. Mais dans cette société d'interdépendance, des réseaux de relations mutuellement bénéfiques facilitent les choses.

La plupart des femmes n'ont pas à se charger seules des tâches ménagères. Elles peuvent compter sur l'aide de belles-mères, sœurs, tantes et cousines.

La survivance de discriminations professionnelles liées aux castes et un niveau d'éducation qui reste bas chez les plus défavorisés, en particulier les femmes, contribuent à entretenir l'emploi de domestiques. Ils assurent l'entretien de la maison, conduisent les enfants à l'école, s'occupent des courses et font office de gardiens la nuit. Ils ne reçoivent que de faibles gages mais sont nourris et même, pour certains, logés. Des abus de tous genres se produisent, bien entendu. Mais la fonction ne permet pas seulement d'assurer sa subsistance, elle offre aussi l'accès aux ressources d'un plus vaste réseau.

Le travail des femmes

La force et le courage des Indiennes se manifestent en permanence, qu'elles ne s'occupent que de leur foyer, qu'elles dirigent une entreprise de centaines d'employés ou qu'elles battent du linge au bord d'une rivière pour gagner quelques roupies. Depuis l'ouverture de l'économie dans les années 1990, elles sont deux fois plus nombreuses à avoir un emploi, dans le public comme dans le privé. Il en résulte une transformation profonde de leur contribution à l'aisance et au statut de la famille. L'augmentation de leur niveau d'éducation et les nouvelles opportunités professionnelles qui s'ouvrent à elles parviendront peut-être lentement à modifier leur place dans la société.

On estime à 1 million chaque année le nombre de petites filles tuées à la naissance, voire à l'état de fœtus et même, dans des cas extrêmes, à l'âge du mariage. Car naître de sexe féminin est une malédiction en Inde : d'une part pour des raisons économiques, le mariage des filles et leur dot étant à la charge de leur famille ; d'autre part parce que c'est le garçon qui perpétue le nom de la famille

Aujourd'hui, elles restent jugées inférieures sur les plans intellectuel et physique et sont moins bien payées que leurs collègues masculins. Alors qu'elles représentent 25 % de la main-d'œuvre reconnue, la répartition des tâches ménagères n'a pas changé. En outre, selon des estimations, 90 % des femmes qui travaillent n'apparaissent pas dans les statistiques de main-d'œuvre. Elles s'échinent, pour des sommes dérisoires – quand elles sont payées –, dans les champs, dans la construction ou comme domestiques. Même quand une jeune femme bénéficie d'une bonne éducation et d'un revenu, ces accomplissements continuent d'apparaître avant tout comme des atouts pour trouver un époux. Créer une entreprise, suivre un plan de carrière ou se hisser jusqu'à des responsabilités de cadre supérieur leur reste difficile. D'autant plus que ce sont elles qui ont la charge de la maison et des enfants.

Tragiquement, les actes de violence envers les femmes, coups, viols, enlèvements ou tortures, ont aussi beaucoup augmenté au cours des dix dernières années.

Les enfants

Si toutes les familles sont différentes, tous les parents indiens partagent des valeurs et des attitudes communes. Ils sont prêts à de gros sacrifices pour leurs descendants, comme de partir travailler dans une ville ou un pays lointain ou de se rationner si la nourriture devient insuffisante pour tous.

Pendant les premières années, la mère entretient un lien physique étroit avec ses enfants. Ils tètent parfois jusqu'à l'âge de 2 ou 3 ans et partagent son lit. Elle les masse chaque jour et les nourrit de sa main. Même quand ils grandissent, elle prend soin, lors d'occasions comme les anniversaires, de porter elle-même à leur bouche des mets comme les gâteaux.

Les bonbons comptent parmi les moyens couramment employés pour que les enfants se tiennent tranquilles. Nombre des pratiques utilisées pour garder les bébés heureux paraissent laxistes à des yeux occidentaux. Mais les mères ne se contentent pas de faire cesser les pleurs et les cris, elles développent un profond sentiment d'interdépendance. Notre mode d'éducation, traditionnellement plus strict pendant le premier âge, privilégie au contraire la prise d'autonomie.

Les petits Indiens ne restent jamais seuls, même la nuit. Pour des parents indiens, imposer à un bébé de dormir dans une pièce séparée tient du mauvais traitement. Toute la journée, la mère, des tantes, des domestiques ou des frères et sœurs plus âgés portent les tout-petits. On attend des enfants de tous âges qu'ils jouent ensemble et veillent les uns sur les autres. C'est avec leurs frères, sœurs, cousins et voisins plus âgés qu'ils intègrent les règles de l'ordre social et le respect de la hiérarchie.

Les garçons apprennent qu'ils tiennent une place spéciale dans l'ordre du monde. Les mères veillent jalousement sur leurs relations avec leurs fils, non seulement pendant l'enfance, mais aussi quand ils sont adultes. Alors que les filles doivent apprendre à s'occuper d'un foyer et d'une famille, les garçons échappent aux corvées. La seule responsabilité qui pèse vraiment sur leurs épaules est de réussir à l'école. Ils font aussi l'objet d'une protection spirituelle particulière. Dans certaines régions, il arrive pendant les premières années qu'on les habille en filles, ou qu'on leur dessine un point avec du khôl sur la joue, afin d'écarter la jalousie et le mauvais œil.

Mais quel que soit le sexe ou la classe sociale, les attentes sociales l'emportent sur les aspirations et désirs personnels, et les façonnent tout au long de la prise de maturité. Malgré cela, les adolescents et jeunes adultes célibataires n'échappent pas à un romantisme profondément ancré. Les béguins nourris des fantasmes sentimentaux des films de Bollywood sont fréquents.

Les jeunes gens des deux sexes ont pourtant tendance à être tenus à l'écart les uns des autres, tant à l'université que dans la vie de tous les jours. Il s'agit d'éviter que se nouent des liens affectifs inappropriés pouvant entraîner des passages à l'acte. Dans les esprits, une relation amoureuse équivaut à une activité sexuelle. Comme les mariages restent dans la majeure partie des cas arrangés, le simple soupçon d'un écart de conduite peut causer un désastre, notamment pour la fille, les sœurs des deux membres du couple et la réputation des familles étendues. Les parents utilisent tous les moyens à leur disposition pour que les adolescents gardent leur énergie concentrée sur l'éducation et les efforts à accomplir dans l'intérêt de la famille et de son honneur.

L'éducation

L'Inde possède aujourd'hui quelque 700 000 écoles primaires, 110 000 collèges et lycées, 17 000 établissements d'enseignement supérieur de premier cycle, 900 instituts de technologie, 217 universités d'État et 20 universités centrales. D'innombrables institutions privées complètent cette offre. Si le nombre d'étudiants entrant dans le supérieur ne cesse d'augmenter, ces derniers ne représentent toujours que 1 Indien sur 14 000.

Le gouvernement indien envisage de tripler le nombre d'étudiants en 2020, pour atteindre le chiffre de 45 millions. Ce qui, selon le ministère chargé de l'Éducation, ne pourra se faire sans l'aide de l'enseignement à distance. Le pays se prépare donc à développer équipements et formations pour mettre en place un enseignement de qualité via Internet.

Le droit à une éducation gratuite jusqu'à l'âge de 14 ans est inscrit dans la Constitution. Elle est en outre obligatoire. Mais, malgré les campagnes menées par le gouvernement pour rendre la décision concrète, l'accès à cette éducation minimale varie selon les régions et le niveau social. Malgré cela, le taux d'analphabétisme a beaucoup baissé au cours des dernières décennies, notamment chez les filles, qui sont plus nombreuses à s'inscrire à l'école et à y rester. La loi accorde également un quota de places réservées aux plus basses castes dans les universités d'État. Mais, selon un rapport de l'Unesco de 2009, l'Inde reste le pays le plus illettré du monde.

Le système éducatif contribue à renforcer les discriminations entre castes, classes et sexes. Les familles des classes moyennes et supérieures ont les moyens de payer les frais exigés par les meilleurs instituts privés. Dans le Sud, un élève sur dix fréquente une école privée ou paroissiale. Les professeurs y donnent généralement les cours en anglais. Dans le Nord, l'enseignement privé connaît également une faveur grandissante, y compris parmi les pauvres. Les établissements n'ayant pas besoin d'un agrément, leur niveau varie beaucoup. Environ 87 % des écoles primaires et des collèges publics se trouvent dans des zones rurales, mais le manque de compétence des enseignants, leur absentéisme, la pauvreté des financements, l'absence d'électricité ou d'eau courante, la discrimination traditionnelle entre sexes, l'éloignement de l'école par rapport au domicile, la pauvreté et la malnutrition font que 50 % des élèves arrêtent en cours de route.

Les autres n'ont pas la vie facile. La compétition pèse très tôt. Dès le début de l'enseignement magistral, à 3 ans, ils se doivent de compter parmi les meilleurs. C'est en maternelle qu'ils commencent à apprendre à lire et à écrire dans leur langue natale et en hindi ou en anglais. À la fin du cycle secondaire, à 17 ou 18 ans, leurs résultats d'examen déterminent les études qu'ils vont suivre et les carrières qui s'ouvrent à eux. L'élite peut prétendre aux meilleurs établissements comme les instituts indiens de technologie (IIT) ou au statut d'étudiant international aux États-Unis, au Royaume-Uni, en Australie, en Allemagne ou au Canada.

Si les capacités ou les résultats de l'étudiant ne suffisent pas à lui ouvrir les portes de l'institution désirée, des « contributions » ou des cadeaux personnels peuvent en huiler les gonds. La corruption gangrène le système éducatif indien. Certaines familles vont parfois jusqu'à payer des dizaines de milliers de roupies pour renverser les conséquences de mauvais résultats.

Surmonter la barrière des langues

Se saluer en Inde revient à manifester du respect et à en recevoir. Mais comment se montrer respectueux dans ses salutations dans un pays possédant 22 langues officielles et un nombre apparemment infini de sous-cultures ? Ne vous inquiétez pas. Votre état d'étranger saute probablement aux yeux et personne ne s'attendra à ce que vous connaissiez les subtilités des formules de politesse. Étonnez vos interlocuteurs ! Apprenez quelques mots ou phrases en hindi (voir p. 154) et observez comment s'y prennent les personnes de votre âge.

Si vous êtes accueilli chez un Indien, présentez-vous à l'entourage et aux habitants du quartier en anglais, ou avec vos phrases récemment acquises. Accompagnez votre hôte ou une nouvelle connaissance au marché ou ailleurs, ou invitez la personne à venir avec vous quelque part. Passez chez un collègue pour lui demander de vous aider à mieux comprendre votre nouvel environnement.

Une curiosité bienveillante

Partout où vous irez, vous aurez à répondre aux mêmes questions. Comment vous appelez-vous ? D'où êtes-vous ? Depuis combien de temps êtes-vous ici ? Que faites-vous comme travail ? Quand rentrez-vous ? Cette dernière interrogation peut paraître blessante si vous envisagez un long séjour, mais ne la prenez pas à cœur. Elle découle probablement de l'évidence, pour les Indiens, que c'est au sein de sa famille et de sa communauté que l'on a sa vraie place. Tenez prête une brève description de vous-même et de vos proches, surtout si vous souhaitez vous installer en Inde. Préparez-vous aussi à des investigations qui risquent de vous paraître indiscrètes, sur vos moyens financiers et vos revenus notamment. Ces questions ne sont pas impolies pour un Indien, mais vous préfèrerez peut-être rester ambigu.

Hors des grandes villes, et à moins de ressembler à un Indien, attendez-vous à être dévisagé en permanence. Les femmes plus curieuses iront jusqu'à toucher les cheveux d'une blonde. Si vous avez un bébé avec vous, il vous faudra supporter, ou repousser, les pincements de joue.

De nombreux sujets considérés comme personnels ne le sont pas en Inde. Vos interlocuteurs n'hésiteront pas à parler politique. Ils vous demanderont votre opinion sur ce qui se passe chez vous comme sur la vie publique locale ou la course du monde. Ils émettront des remarques sur les pratiques d'éducation ou sur la façon de se présenter ou de s'habiller (surtout si une étrangère porte un sari ou un *shalwar kameez*). Ils s'épancheront sur les succès de leurs enfants et manifesteront de la curiosité pour ceux des vôtres. Si vous restez célibataire à plus de 25 ans, on vous demandera certainement pourquoi et vous pourrez avoir à endurer un exposé sur les moyens de trouver un partenaire approprié. Une femme prévoyant de séjourner plusieurs mois doit s'attendre à des questions détaillées sur toute sa famille et les raisons pour lesquelles elle l'a « abandonnée ». Si les Indiens sont aujourd'hui nombreux à faire des études ou à travailler à l'étranger, il reste rare qu'une Indienne les imite, à moins d'accompagner son mari. Vos explications n'auront sans doute pas de sens pour vos nouveaux amis. Ne dépensez pas trop d'énergie à tenter de les amener à comprendre, ils ne le peuvent pas en raison de leur culture. Mais ils peuvent apprendre à vous apprécier et à vous faire confiance.

Des sujets tabous

L'éventail des thèmes abordables n'inclut pas l'intimité sexuelle (pas même les rapports sentimentaux ou conjugaux), les problèmes familiaux et la mauvaise conduite ou les difficultés scolaires des enfants. Si, de lui-même, un Indien se montre curieux sur ces sujets ou se met à parler de sa vie sexuelle ou de ses déboires conjugaux, il s'écarte de ce qui est culturellement acceptable. Le moment est venu de mettre un terme à la discussion. La diversité des croyances fait de la religion un sujet de conversation qu'il vaut mieux éviter en société.

Le oui et le non

Comme beaucoup d'autres aspects de la culture indienne, l'usage du « oui » et du « non » semble délibérément conçu pour égarer le visiteur occidental.

Les gestes d'affection

Les Indiens de même sexe se tiennent beaucoup par la main. Vous verrez des hommes marcher main dans la main dans la rue. Les garçons de tous âges s'attrapent par les épaules. Les jeunes filles et les femmes se saluent souvent par un baiser sur la joue et se tiennent les mains en se racontant les dernières nouvelles. Il s'agit là de manifestations d'affection et d'amitié sans aucune connotation sexuelle.

Il n'est jamais approprié pour un étranger de prendre par la main une personne de l'autre sexe, ni de lui exprimer de l'affection physiquement ou verbalement. En public, la règle s'applique aussi à votre conjoint. En ville, une poignée de main est une forme de salut généralement acceptable, mais pas toujours. Si l'on vous présente à une femme, attendez qu'elle tende d'abord la sienne.

Un « oui » établit un lien. Les Indiens le prononcent pour préserver une relation et leur honneur, pour échapper à l'indignité de refuser une requête ou de ne pas pouvoir fournir un renseignement. Habitués à tout laisser tomber sur le champ pour répondre aux besoins d'un membre de la famille, d'un ami ou d'un invité, ils ne peuvent que répondre « oui » si vous leur demandez s'ils connaissent le chemin jusqu'à la gare ou s'ils peuvent vous y conduire. Si l'information est importante, ne vous contentez surtout pas d'une seule réponse. Les Indiens ne le font pas. Ils savent ce que signifie un « oui ».

Il est une formule que vous devez retenir : « J'essaierai ». Elle correspond à un moyen poli de décliner une invitation ou une requête de service. La personne tient à vous et ne veut pas vous offenser par un refus abrupt. Mais ne comptez pas sur elle. Si vous vous retrouvez vous-même incapable de répondre à une invitation ou de donner un coup de main, ne dites pas « Désolé, je ne peux pas », mais « J'essaierai ». Votre interlocuteur comprendra.

Vous entendrez « non » lorsque vous offrirez votre aide ou chercherez à déposer de la nourriture dans une assiette. La pratique consiste à redemander trois fois. Si, à la troisième, votre ami dit toujours « non », c'est un vrai non. La politesse veut que vous vous comportiez de même. Si l'on propose de vous servir, déclinez poliment. En toute probabilité, on vous demandera à nouveau une ou deux fois. Dans ce cas, répondez « Oui, merci ». Dans le cas contraire, vous saurez que la personne a l'habitude des usages occidentaux, et que la prochaine fois, il vaut mieux accepter tout de suite.

Amis ou relations ?

Lier connaissance avec des Indiens n'a rien de difficile. Ils se montrent curieux des étrangers et ne demandent pas mieux que de bavarder. Les marchands offrent du *chai* (thé) ou une boisson fraîche quand vous entrez dans leur boutique. Des inconnus proposent leur aide dans la rue quand vous semblez perdu. Les passagers de votre compartiment vous invitent de bon cœur à partager leur nourriture, vous prévenant avec un sourire qu'elle est peut-être « trop épicée » pour vous. Des étudiants sautent sur une occasion de pratiquer une langue étrangère. Pour qui parle l'anglais, son usage très répandu facilite les contacts.

Le langage corporel, les codes relationnels et les présupposés diffèrent toutefois énormément. Il n'est pas facile, lors d'une première découverte du pays, de discerner qui a le potentiel de devenir un véritable ami et qui se montre amical pour des raisons strictement intéressées. Il en résulte une tension constante pour les Occidentaux, surtout s'ils donnent l'impression d'être en mesure d'apporter une certaine aisance ou des opportunités ; on risque alors d'attendre d'eux qu'ils ouvrent certaines portes, fassent des dons d'argent ou forment un conjoint intéressant. Pour ne rien simplifier, dans le cadre d'une amitié sincère, il est normal de mettre à disposition ses ressources et d'offrir assistance et soutien sur les plans financiers et sociaux aussi bien qu'affectifs. L'évocation à peine voilée d'un problème pécuniaire ou la requête directe d'un service professionnel sont parfaitement acceptables. Alors, comment savoir qui sont vos amis ? Vous le découvrirez quand vous aurez besoin d'eux. Vos amis indiens se tiendront à vos côtés d'une manière qui vous surprendra et ne manquera sans doute pas de vous émouvoir.

Si vous êtes invité

Des personnes que vous venez à peine de rencontrer peuvent très bien vous convier à prendre le thé, à dîner ou même à séjourner quelques jours. Vous recevrez un accueil chaleureux à la porte et l'on vous montrera où retirer vos chaussures avant d'entrer. Ne vous attendez pas à disposer de pantoufles. Tout ce qui touche au pied est impur et ne se partage pas.

Il n'existe pas de protocole particulier lors d'une soirée dans une maison indienne. Quelle que soit l'heure où vous y entrez, sur invitation ou non, il vous sera immédiatement proposé du *chai* (thé au lait sucré parfois additionné d'épices), du café (au lait et sucré), de l'eau, un jus ou un *sherbet* (boisson parfumée aux fruits ou aux fleurs). Il est impoli de refuser.

En Inde, les convives bavardent d'abord, et ils peuvent bavarder des heures. Le dîner vient ensuite et, une fois qu'il est terminé, tout le monde sait qu'il est temps de rentrer. Un étranger habitué à ce que la conversation ait lieu pendant ou après le repas risque de se demander pourquoi on met tant de temps à passer à table. D'autant que le dîner peut commencer à tout moment de la soirée. Même les familles ayant de jeunes enfants mangent tard, réveillant au besoin le petit dernier endormi sur le canapé pour qu'il avale une bouchée et un verre de lait avant d'aller au lit.

Les citadins s'installent normalement à une table. Dans les villages, ou les foyers les plus pauvres, ou encore lors de réunions regroupant de très nombreuses personnes, il arrive que l'on s'asseye par terre sur des nattes. Les femmes de la maison auront passé la journée à cuisiner. Parfois, l'invité est servi seul ou en tête-à-tête avec le chef de famille. C'est une marque d'hommage. Dans certains cas, elle permet aussi de le nourrir à volonté sur des réserves qui n'auraient pas suffi à tout le monde, évitant ainsi le déshonneur de ne pas pouvoir lui offrir assez. Un dessert ne conclut pas toujours le repas. Vous saurez que celui-ci est fini quand les membres de la famille se lèvent pour se laver les mains. Il sera alors temps de remercier vos hôtes de cette merveilleuse soirée, de dire au revoir à tout le monde et de rentrer. Vous ne serez pas abandonné à vous-même avant d'avoir franchi le portail, descendu la rue ou pris place dans une voiture ou un taxi. Il s'agit là d'une forme de cordialité et de protection inhérente à tous les rapports humains en Inde.

Que vous invitiez une personne à boire un café ou à festoyer dans un restaurant de luxe, il vous revient de régler la note. Ne vous laissez pas surprendre. Personne ne paiera sa part. Si un ami vous invite, il insistera pour payer. Ne tentez pas de discuter sa décision, et prenez simplement soin d'être la personne qui invite la fois suivante.

Bonnes manières à table

Tant que vous n'aurez pas laissé un peu de nourriture dans votre assiette ou placé votre main droite au-dessus, elle se remplira de mets parfumés accompagnés de *chapati* maison ou de généreuses portions de riz. La politesse exige de refuser lors de la première offre. Celle-ci sera reformulée.

La cuisine indienne a meilleur goût mangée avec les mains. Utilisez votre main droite. Si vous n'avez pas encore maîtrisé la technique, demandez à vos hôtes de vous l'enseigner. Vous disposerez toujours d'un moyen de vous laver pendant et après le repas. Souvent, les salles à manger abritent un lavabo à cet effet.

La nourriture ne devrait entrer en contact qu'avec la pointe de vos doigts, pas plus haut que la première phalange. Tout le monde restera poli si vous vous barbouillez jusqu'à la paume, mais en masquant son dégoût. Si vous éprouvez de l'embarras ou ne parvenez pas à rester propre, n'hésitez pas à demander une cuillère.

Pendant le repas, se servir est une incorrection. Les femmes de la maisonnée se tiendront prêtes à le faire sans que vous ayez à demander. Si l'on cesse de vous proposer, c'est sans doute signe que les réserves s'épuisent. Fiez-vous à l'attitude de vos hôtes. Vous pouvez couper les *chapati*, les *nan* ou les *paratha* en utilisant vos deux mains. À part au sein de la famille proche, il est toujours impoli de toucher la nourriture d'une autre personne, de manger dans son assiette ou de boire dans son verre.

Observer ces quelques points de savoir-vivre rendra la visite plus agréable pour vous comme pour vos hôtes. Mais indépendamment de vos manières ou de vos erreurs, il sera répondu à vos besoins avec toute l'attention et toute la générosité possibles. Vous vous verrez ainsi peut-être proposer un lieu où dormir, des points de chute dans d'autres régions, un mode de transport ou une escorte jusqu'à votre prochaine destination. Pour vos hôtes, l'amitié demande de vous faire bénéficier de toutes leurs ressources. Ils sont tenus de vous traiter, en tant qu'invité, comme ils en ont eu l'exemple dans toutes les maisons et toutes les légendes indiennes : comme un dieu.

Faire des cadeaux

Les présents comptent parmi les aspects importants de l'établissement et de l'entretien des relations. Les membres de la famille et les amis proches déboursent ainsi de fortes sommes pour offrir un bijou en or à un nouveau-né ou un appareil électronique à de jeunes mariés.

La réciprocité, jugée nécessaire à l'équilibre dans les rapports amicaux, signifie que recevoir un cadeau onéreux de la part d'un ami de passage ou d'un partenaire en affaires risque de créer un sentiment d'obligation qui pèsera sur l'entente. En tant qu'invité étranger, ne vous croyez pas obligé d'entrer en concurrence avec les présents que les Indiens s'échangent.

Ne vous pensez pas non plus contraint de rendre la pareille si vous recevez un cadeau onéreux ou bénéficiez d'une hospitalité d'un faste qui vous paraît déraisonnable. Choisissez des présents simples et chargés de sens. Une boîte de bonbons, un panier de fruits ou une spécialité de votre pays conviennent parfaitement lors d'une première visite. Si vous faites le voyage avec des chocolats, gardez-les dans votre bagage à main et offrez-les au début de votre séjour. Les fabricants locaux ajoutent de la paraffine pour qu'ils résistent au climat.

De petits jouets ou des livres illustrés raviront des enfants. Vos nouveaux amis accorderont du prix à tout ce qui montre d'où vous venez, un calendrier avec des photos par exemple. Les cosmétiques et parfums de marque, les stylos, les CD, les DVD ou les maillots d'une équipe locale de sport comptent parmi les autres présents bienvenus. Si votre budget ne le permet pas, des confiseries, du chocolat en poudre, des barrettes ou des cartes postales conviendront tout à fait.

La plupart des Indiens, hindous comme musulmans, ne boivent pas d'alcool. Renseignez-vous avant d'apporter du vin ou une liqueur. Vous devriez prendre la même précaution avec les articles en cuir : ils pourraient être considérés comme impurs pour des motifs religieux. Un homme ne devra pas offrir des bijoux ou des fleurs à une femme, geste jugé trop personnel. De toute manière, les fleurs coupées ne sont pas, en général, des cadeaux appréciés.

Si vous n'avez rien pris dans vos bagages, vous aurez besoin d'aide pour trouver sur place des présents appropriés, sachant que les Indiens ne partagent pas forcément notre goût pour ces objets qui nous semblent si exotiques, et à eux si familiers... Un panier de fruits est toujours bien accueilli lors d'une visite, et des billets de banque dans une carte de vœux conviennent en certaines occasions. La meilleure option consiste à demander des suggestions à des amis et relations.

Les loisirs

Les salariés ont en général de 15 à 20 jours de congé par an. Mais il arrive que les conditions économiques poussent les entreprises à réduire les vacances et augmenter le temps de travail. Les fonctionnaires sont moins touchés.

En Inde, les activités de loisir dépendent beaucoup de l'endroit où l'on vit, de son statut social, des attentes familiales, des exigences professionnelles, de sa marge de manœuvre financière et de son ouverture d'esprit. Pour les villageois et tous ceux dont l'existence est attachée à la terre, les « loisirs » ne se distinguent pas de la vie quotidienne et suivent le rythme des saisons. Même chez les citadins, la situation n'est pas homogène. Si la plupart bénéficient du week-end pour se reposer, certains travaillent six jours par semaine. Et d'autres réservent un jour hebdomadaire spécifique à des pratiques religieuses.

Pendant le week-end, familles et groupes d'adolescents emplissent les cinémas. Les familles font aussi de courtes excursions en bus dans des villes voisines, pour rendre visite à des parents ou assister à des fêtes. Elles peuvent également profiter de leur disponibilité pour aller au temple ou manger au restaurant. Pour les femmes, surtout si elles ont un emploi à l'extérieur, le temps de « loisir » risque fort d'être occupé aux tâches ménagères, à la cuisine et à l'accueil de visiteurs. Les jeunes gens de la classe moyenne ont pris l'habitude de sortir en boîte de nuit dans de grandes métropoles comme Delhi, Bombay ou Madras.

Beaucoup de familles partent pour de longs séjours pendant les mois d'été torrides. Le train offre un mode de transport bon marché à l'intérieur du pays. Depuis peu, les voyages à l'étranger sont devenus accessibles à la classe moyenne. Les « stations d'altitude » boisées comme Mussoorie, Nainitial et Shimla, dans le Nord, ou Ooty et Kodaikanal, dans le Sud, séduisent les jeunes mariés.

Sports et jeux

De toutes les techniques guerrières devenues, pendant l'âge védique, des moyens de s'affronter en compétitions pacifiques, seule la lutte a conservé sa popularité. Plus qu'un sport, elle est en Inde un mode de vie. Ses pratiquants s'y dévouent entièrement, se plaçant sous la direction de gourous pour acquérir la maîtrise du *pehlwani* (Nord) ou du *kalaripayat* (Sud).

C'est en Inde qu'apparurent les arts martiaux dont sont issus le judo et le karaté. Des moines bouddhistes les propagèrent dans le reste de l'Asie. Bien que ces sports n'aient pas aujourd'hui le même succès que dans des pays comme le Japon ou la Thaïlande, l'Inde continue de briller dans des rencontres internationales.

Le yoga

Dans l'hindouisme, s'accomplir passe par une pleine compréhension du physique et de sa relation avec le métaphysique. Le terme *yoga*, qui signifie « union avec Bhraman », recouvre en Inde plusieurs voies de recherche spirituelle, entre autres par la pratique de postures physiques, de modes de respiration contrôlée et de formes de méditation. En Occident, il désigne principalement une gymnastique dérivée du *hatha yoga*.

Les cerfs-volants

Les cerfs-volants ne sont pas un simple jeu d'enfant en Inde. Introduit par des voyageurs chinois, l'art de les fabriquer et de les diriger se transmet de père en fils depuis des siècles. Simples ailes de papier de soie et de bambou guidées à l'aide d'un unique fil, les *patang* en forme de diamants sont les plus répandus. C'est par centaines qu'ils s'envolent au-dessus des toits pendant Raksha Bandhan (voir page 26) et pour la fête de l'Indépendance (voir page 88). Plus qu'un simple amusement, c'est un véritable affrontement : l'objectif est de réussir à couper les fils des autres cerfs-volants (un mélange spécial de colle et de verre recouvre les fils, qui sont très coupants) et de rester ainsi le dernier en l'air. Le festival de cerfs-volants d'Ahmedabad attire chaque année en janvier des duellistes du monde entier.

Le cricket

L'Inde a pour sport national le hockey sur gazon, mais le cricket engendre aussi une intense ferveur. Lors de chaque rencontre, une grande partie du pays se regroupe autour de téléviseurs ou de postes de radio, saluant avec enthousiasme les exploits de son équipe favorite. Vous ne risquez rien à tenter de vous faire expliquer les règles. À défaut de les comprendre, vous aurez au moins lié connaissance.

Les activités de plein air

La diversité du territoire le rend propice à la pratique de nombreux sports d'extérieur, de la plongée sous-marine au ski. Les Indiens n'en sont toutefois pas de grands adeptes. De même, ils pratiquent peu le camping et la randonnée malgré l'existence de 98 parcs nationaux et de plus de 430 sanctuaires animaliers. Certains des plus beaux se trouvent dans les Ghats occidentaux du Kerala. Nul besoin d'escalader l'Everest pour profiter de l'Himalaya : une visite de Darjeeling ou une courte marche sur les hauteurs entourant Nainital ménage des vues à couper le souffle.

La plupart des Indiens ne savent pas nager, ce qui ne les empêche pas de fréquenter les rives des nombreux cours d'eau, le pied de splendides cascades et les milliers de kilomètres de côtes. Excepté à Goa et sur certaines des plages touristiques les plus populaires, les adultes se baignent tout habillés.

chapitre 5

Religions, fêtes et rituels

De nombreuses religions

Si l'Inde est en majorité hindoue, elle accueille aussi une grande diversité d'autres religions, dont le bouddhisme et le christianisme. Point de rencontre de plusieurs croyances, elle a favorisé le développement de syncrétismes comme le jaïnisme, synthèse de l'hindouisme et de l'islam. Quelles que soient leur foi et leur pratique, tous les Indiens considèrent la religion comme un élément aussi déterminant de l'identité personnelle qu'indispensable au bien-être de la famille et la société.

L'hindouisme

80 % des Indiens sont hindous. Mais demandez à dix d'entre eux de décrire sa religion et vous obtiendrez dix réponses différentes malgré de nombreux points communs. L'hindouisme est une formulation relativement récente d'un système de croyances qui s'est développé sur des millénaires. D'un point de vue philosophique, c'est un monisme panthéiste pour lequel « Tout est Un, Un est Tout, Tout est Dieu ». Conscience divine impersonnelle et indifférenciée, Brahma est l'unique Réalité. Tout le reste n'est que *maya*, illusion.

> **Le culte sans dévotion est un gaspillage de feuilles.**
> *Proverbe telougou*

Les textes fondateurs s'emploient à mettre en lumière que « Tout est Un » et à éclairer le chemin permettant d'échapper au cycle illusoire des morts et des renaissances pour retourner à l'Un. Dans la pratique, l'hindouisme est une religion du récit et non de l'histoire, centrée sur le rituel et l'idéologie et non sur des personnages ou des événements du passé comme c'est le cas pour la christianisme. Nombre de ses écrits sacrés rapportent les faits et enseignements d'avatars – des incarnations de Brahma dans le monde physique. Ces divinités masculines et féminines sont devenues les principaux sujets de dévotion. Elles ne sont que les mirages de la vérité, mais seule l'élite intellectuelle n'estime pas essentiel de leur rendre un culte.

Les hindous du Nord et du Sud racontent les mêmes histoires sacrées, mais les noms et les images des héros et des méchants diffèrent suffisamment pour déconcerter le non-initié. Quand on les interroge sur ces variations régionales, la plupart des Indiens ne savent pas comment les expliquer. Ces différences, et en fait les histoires elles-mêmes, ne comptent pas. L'important, c'est la réalité au-delà et la dévotion manifestée aux dieux et déesses.

La complexité de la philosophie hindoue en fait un sujet de débat entre intellectuels, mais pour la plupart des croyants, il s'agit simplement d'un mode de vie. Ils suivent un credo et des rituels reconnus, même s'ils n'ont pas été fixés par un texte sacré, une figure historique ou un énoncé unificateur des croyances.

Le *dharma*, mot qui signifie « devoir », mais aussi « vertu » ou « ordre universel », est la voie à suivre par chacun pour maintenir l'harmonie du cosmos. Il faut pour cela pleinement assumer ses responsabilités au sein de sa famille et de la collectivité, et donc remplir les devoirs liés à sa caste.

Le *samsara* désigne le cycle des naissances, vies, morts et renaissances qui forme le destin de tout être vivant, qu'il soit humain ou animal. Cette croyance en la réincarnation explique l'importance accordée par les hindous à un régime végétarien.

Le *karma*, enchaînement moral de causes et de conséquences, influe sur la renaissance. Accomplir son devoir améliore sa prochaine existence. Le bien que l'on fait sera rendu. Ce sont les actes réalisés de notre vivant qui nous conduisent éventuellement à la *moksha*, la libération du cycle des réincarnations.

La *puja*, le *prasad* et le *tilak* sont des manifestations de dévotion. Responsables du bien-être spirituel de leur mari et de leurs enfants, les femmes accomplissent les rituels *(puja)* à l'autel domestique dédié à la divinité familiale. Elles lui font d'abord offrande de fleurs, de nourriture ou de feu, puis distribuent le *prasad* aux personnes présentes, généralement sous forme de *ladoo*, des boulettes de pâte sucrée. Purifié par les prières et les rituels, le *prasad* apporte la bénédiction divine à ceux qui le mangent.

Les *puja*, célébrées jour et nuit par les prêtres des temples, confèrent grâce, pardon ou force spirituelle aux croyants qui se rendent dans les sanctuaires avec des offrandes de nourriture ou d'argent. Ils s'imprègnent de ces bienfaits grâce au feu que l'officiant leur présente. S'aidant des mains, ils en dirigent la fumée vers leur visage ou le haut de leur tête. Le saint homme qui a accompli la *puja* marque le front du purifié d'un *tilak* tracé avec la cendre issue du brasero ou une poudre colorée comme du curcuma, du safran, de l'argile ou du vermillon. Souvent, la forme de la tache indique quelle divinité a été vénérée.

Ce que les étrangers prennent communément pour un culte rendu aux vaches est plutôt un tabou contre le fait de les tuer. Les raisons de cette protection sont sociales, religieuses et pratiques. Les vaches entretiennent la vie grâce à leur lait, elles jouent un rôle important dans les histoires du seigneur Krishna et elles ont été à une époque identifiées aux brahmanes.

L'islam

Bien qu'il ait été introduit par des conquérants et que la partition ait entraîné le départ de nombreux musulmans (voir page 22), l'islam reste la foi de 13,5 % de la population, en majorité des sunnites. Des minarets se dressent partout en Inde. De leurs sommets, les muezzins, ou une voix enregistrée, appellent cinq fois par jour à la prière avec la profession de foi : « Il n'y a de Dieu que Dieu et Mahomet est son prophète. » La religion guide toute la vie d'un croyant, depuis sa naissance, où la profession de foi est chuchotée à son oreille avant même qu'il ne reçoive un nom, jusqu'aux récitations du Coran au-dessus de sa tombe.

Née en Arabie au début du VIIe siècle, cette foi repose sur les enseignements de Mahomet, porteur de la parole divine que lui transmit l'archange Gabriel. Le Coran, transcription de ses prêches, rend hommage à de nombreux prophètes juifs parmi lesquels est compté le Christ. Mais Mahomet est le dernier messager, le « sceau des prophètes ».

Le mot *islam* signifie « soumission ». Pour suivre la voie du bien et éviter le mal afin de satisfaire Allah et gagner l'accès à son paradis, le fidèle doit respecter les cinq piliers.

Les cinq piliers de l'islam

- ***Chahada :*** **profession de foi**
- ***Salat :*** **dire les cinq prières de la journée**
- ***Zakat :*** **donner l'aumône obligatoire**
- ***Sawn :*** **respecter le jeûne du ramadan**
- ***Hajj :*** **effectuer le pèlerinage à la Mecque au moins une fois dans sa vie**

L'islam est une religion strictement monothéiste et son prophète a jeté l'anathème sur les idoles. La représentation physique de la forme humaine, même dans l'art, est expressément interdite. Bien que révéré, Mahomet ne fait pas l'objet d'un culte.

Les exemplaires du Coran, œuvre divine, doivent être posés sur un lutrin à la maison comme à la mosquée. Ils ne doivent jamais se trouver à terre ou près des pieds de quiconque. Manquer de respect au Coran, c'est manquer de respect à Dieu et à son prophète. Des traductions existent mais elles s'éloignent de la véritable révélation, donnée en arabe.

Les musulmans indiens ont des pratiques spécifiques qui sont plus indiennes que musulmanes. Pour une grande part, l'islam s'est répandu dans le sous-continent grâce à des mystiques soufis venus au XIVe siècle. S'inscrivant parfaitement dans la tradition des gourous, ces saints vivants, ou *pir*, rassemblèrent autour d'eux des disciples. Après leur mort, leur légende attira des dévots à leurs tombeaux. Des récits de guérisons miraculeuses commencèrent à se répandre et les sépultures devinrent des lieux saints. Il existe aujourd'hui des centaines de *dargah*, ou « portails ». Au premier abord, ils ne se distinguent pas des sanctuaires hindous ou chrétiens, mais l'activité qui y règne les distingue. Des hommes portant des calottes blanches se suivent en file pour prier en touchant le tombeau. Des femmes enveloppées de noir nouent des fils rouges aux grilles entourant le bâtiment en suppliant Allah d'exaucer leur vœu.

Le christianisme

Selon la tradition, l'apôtre Thomas débarqua sur la côte de Malabar en l'an 52. Au Kerala, l'Église malankare Mar Thoma, de rite syrien, fait remonter ses origines aux sept églises qu'aurait fondées le saint. La progression du christianisme dans le reste du pays date d'une époque plus récente, sous l'influence des missionnaires arrivés à partir du début du XIXe siècle.

Les chrétiens ne représentent que 2,4 % de la population. Ils vivent principalement dans le Sud et le Nord-Est et sont à 60 % catholiques. La plus importante église protestante, la Church of South India, est née en 1947 de l'association des presbytériens, des congrégationalistes, des méthodistes et des anglicans. Mais l'union ne règne pas. Le poids des traditions l'emporte sur le credo religieux plaçant tous les hommes sur un même pied. Quelles soient baptistes, catholiques ou jacobites, les congrégations restent basées sur un système de castes. De génération en génération, elles entretiennent une identité sociale forte en interdisant les mariages hors de la communauté.

Les formes de culte sont aussi variées que les personnes qui se revendiquent du christianisme. Certaines se réunissent dans de grands édifices éclairés par des vitraux pour entonner des hymnes traduits depuis l'anglais. D'autres se retrouvent dans des domiciles privés pour psalmodier assis sur des nattes des chants dévotionnels rythmés par des tambourins.

Le bouddhisme

Bien que le bouddhisme soit né en Inde, et qu'il ait joué un rôle important dans son histoire et sa culture, il ne compte que 6,5 millions d'adeptes. Son fondateur, Siddharta Gautama, appartenait à une famille de princes hindous de haute caste. Il naquit sur le territoire de l'actuel Népal au VIe ou au Ve siècle av. J.-C. Maintenu par son père dans un cadre protégé, il ne prit conscience de la souffrance inhérente à la condition humaine qu'à l'âge de 29 ans. Il se lança alors dans une quête mystique passant par des pratiques extrêmes de jeûne et d'ascétisme. Après que sa faiblesse eut failli causer sa mort, il décida d'opter pour une « voie moyenne ». Sa méditation, assis sous un arbre, le conduisit à l'éveil, ou *nirvana*.

Décidé à partager ce qu'il avait découvert, il énonça les « quatre nobles vérités ». Ses disciples lui donnèrent le surnom de Bouddha, qui signifie « l'Éveillé ».

Les quatre nobles vérités

- **La vie est souffrance.**
- **La souffrance a pour cause le désir.**
- **La cessation de la souffrance est possible.**
- **Il existe une voie pour sortir de la souffrance.**

Le bouddhisme repose sur deux principes fondamentaux. Selon le premier, la loi de cause à effet, rien n'arrive par hasard, car tout dépend du *karma*. Le deuxième, la loi de l'impermanence, enseigne qu'il n'existe que changement. Rien n'est détruit, tout revient simplement sous une autre forme, y compris l'âme humaine grâce à la réincarnation.

L'objectif du bouddhisme est d'échapper à la souffrance et au cycle de renaissances en dépassant tout désir pour atteindre l'éveil. Il faut pour cela respecter physiquement la voie moyenne, juste équilibre entre hédonisme et ascétisme, pour suivre sur le plan spirituel le « noble chemin octuple » (la voie qui mène à la fin de la souffrance et à la délivrance totale). Ses huit « membres » comprennent la compréhension juste, la pensée juste, la parole juste, l'action juste, le mode de vie juste, l'effort juste, l'attention juste et la concentration juste.

Simple philosophie à l'origine, le bouddhisme est devenu une religion sans dieu qui a le Bouddha comme principal sujet de vénération. Trois sites liés à sa vie font l'objet d'une dévotion particulière. Bodhgaya, au Bihar, est celui où il atteignit éveil. Sarnath, en périphérie de Bénarès (Varanasi), en Uttar Pradesh, accueillit son premier sermon : la « mise en mouvement de la roue de la loi ». C'est à Kushinagar, près de la frontière népalaise, qu'il s'éteignit.

Le sikhisme

Le sikhisme, dont le nom a pour origine un mot signifiant « disciple », est une religion syncrétique monothéiste, une synthèse d'islam et de brahmanisme élaborée par Guru Nanak, né en 1469 dans une famille hindoue de haute caste. Ses enseignements constituent l'essentiel du Siri Guru Granth Sahib, le livre saint. C'est la présence d'un exemplaire de cet ouvrage qui rend un lieu sacré et dans les maisons, une pièce ou un espace lui est réservé.

Neuf gourous succédèrent à Nanak. Le cinquième, Guru Arjun, fit construire le Temple d'or d'Amritsar. Il y donnait ses avis sur les affaires civiles et établit une tradition d'État religieux. À la suite de persécutions, le dixième et dernier gourou, Govind Singh, créa le *khalsa*, communauté de structure militaire réunissant les « purs ». Il mit un terme à la succession de gourous humains en attribuant ce statut au livre saint.

En intégrant le *khalsa*, les sikhs s'engagent à respecter un aspect physique défini par les cinq « k » : le *kesh* (ne pas se couper les cheveux et les poils), le *kangha* (peigne de bois ou d'ivoire symbolisant la pureté), le *kara* (bracelet de fer en signe de détermination), le *kachha* (pantalon court adapté au combat) et le *kirpan* (poignard prêt à défendre les faibles). L'entrée dans le *khalsa* s'accompagne d'un baptême et de l'adoption d'un nouveau nom, Singh (Lion) pour les hommes et Kaur (Princesse) pour les femmes.

Les sikhs partagent avec les hindous la croyance dans le *karma* et la réincarnation, et ils pratiquent des rituels hindous liés au cycle de l'existence, notamment la crémation. Les mariages interconfessionnels n'ont rien d'exceptionnels.

Les sikhs représentent aujourd'hui 2 % de la population indienne et vivent pour la plupart au Pendjab. Leur organisation communautaire et l'absence d'un clergé ou d'une hiérarchie ont favorisé la fidélité à une doctrine et des coutumes peu affectées par les changements.

Le drapeau qui flotte au-dessus des temples, ou *gurdwara* (« porte du gourou »), permet de les reconnaître. Ces édifices ne servent pas seulement à la pratique du culte, mais aussi à l'éducation religieuse et à l'entretien des liens collectifs. À l'intérieur, de vastes cantines servent des repas en permanence. Hommes, femmes et enfants y respectent le principe du *pangat*, le partage de la nourriture dans une cuisine commune. Il s'agit d'une affirmation de l'égalité de tous en rupture avec les ségrégations créées par les castes.

Le jaïnisme

Les 5 millions de jaïns habitent principalement le Maharashtra et le Rajasthan. Ils font remonter les origines de leur religion à 24 *jina* (« vainqueurs »). Le dernier, Vardhamana, surnommé Mahavira (« le grand héros »), un contemporain du Bouddha, est né au VIe siècle av. J.-C. dans une famille princière du Bihar. Soucieux d'atteindre une conscience pure et de découvrir le sens de la vie, il laissa derrière lui ses richesses pour entamer une quête austère de la vérité, allant jusqu'à renoncer à se vêtir et à s'abriter. Ayant atteint l'omniscience *(kevala)*, il fonda une communauté ascétique pour transmettre ses révélations. Une fois satisfait de son œuvre, il jeûna jusqu'à quitter son enveloppe charnelle.

Le jaïnisme repose sur une opposition entre des entités spirituelles, ou *jiva*, et la matière *(ajiva)*. Le *karma* enferme l'âme dans la matière et elle en souffre. Par la dévotion, l'observation des rituels et la pratique du renoncement, le fidèle progresse vers l'extinction de l'ego et la libération. Son but ultime est d'atteindre le *nirvana* et la fin du cycle des réincarnations. L'inactivité le purifie du désir et inverse l'impact d'actions passées.

Les jaïnistes accordent une importance primordiale à la non-violence *(ahimsa)*. Comme tout renferme une entité spirituelle, les moines et nonnes, ainsi que les laïcs les plus dévots, couvrent leur nez et leur bouche d'un masque afin de ne pas risquer de tuer des insectes en respirant. Pour la même raison, ils balaient devant leurs pieds en marchant.

Depuis un schisme survenu en 79 apr. J.-C., ils se divisent entre *shvetambara* (« vêtus de blanc ») et *digambara* (« habillés de ciel »), dont les moines – et seulement eux – restent nus, conformément à la doctrine de Vardhamana. Pour les *digambara*, une femme doit se réincarner en homme pour pouvoir devenir un véritable moine ou accéder à la *moksha* (libération).

Le site le plus saint se trouve à Bangaluru, dans le Karnataka. Tous les douze ans, les pèlerins y convergent pour couvrir de lait, de beurre clarifié et d'eau safranée une grande statue sculptée en 981 av. J.-C. Elle représente Gomateshvara, ou Bhagwan (Seigneur) Bahubali, le premier *jina* et le premier humain à avoir atteint l'Éveil.

Le zoroastrisme

Cette religion s'est implantée au Gujarat avec l'arrivée d'immigrants venus de Perse au Xe siècle. Ses quelque 200 000 pratiquants indiens se donnent le nom de *parsi* et habitent le Gujarat et Bombay, dans le Maharashtra. Ils ont pour livre saint le *Zend-Avesta* (aussi appelé plus simplement *Avesta*)

Divinités et gourous d'aujourd'hui

Trouver des déesses et des dieux vivants n'exige pas de chercher bien loin en Inde. La multiplicité de déités et d'avatars propre à l'hindouisme, et la foi dans des gourous menant leurs disciples à la vérité, en fait le terreau idéal pour l'apparition de sectes religieuses. Certaines, telles celles de Maharishi Mahesh Yogi, Bhagwan Rajneesh, Shree Maa, Satya Sai Baba et Ammachi, ont acquis un rayonnement international au cours des dernières décennies. Des centaines de femmes et d'hommes continuent d'attirer des personnes prêtes à les révérer comme des incarnations du divin. Certains se présentent en gourous sans plus de prétention qu'indiquer la Voie. D'autres s'entourent de dévots en adoration qui s'emploient avec enthousiasme à recruter de nouveaux adeptes.

Zarathoustra, ou Zoroastre, a jeté les bases de son dogme au cours du Ier millénaire av. J.-C. et elle est devenue la religion officielle de l'empire perse sous les Sassanides (224-651). C'est un monothéisme. Omniprésent et invisible, le créateur de la Terre et du Ciel, Ahura Mazda, est représenté par du feu. En permanence s'opposent le Bien et le Mal, la Lumière et les Ténèbres, et il revient à l'être humain de choisir entre les deux. S'il veut que le Bien l'emporte, il doit respecter l'*humata* (bonnes pensées), l'*hukhta* (bonnes paroles) et l'*huvarshta* (bonnes actions).

D'autant moins nombreux qu'il faut avoir ses deux parents *parsi* pour compter comme « authentique », les *parsi* ne portent pas de tenue distinctive et possèdent peu de temples. Ils ne pratiquent pas la crémation mais rendent leur corps au cycle de vie en l'abandonnant aux vautours dans des « tours de silence ».

Les religions tribales

La population indienne comprend plus de 70 millions d'aborigènes répartis en plus de 100 groupes dispersés dans tout le pays.

Au cours des deux derniers siècles, ils ont été nombreux à se tourner vers le christianisme. Les autres pratiquent toujours diverses formes d'animisme plus ou moins teintées d'hindouisme. Entourés de créatures spirituelles qui interviennent dans le monde matériel, ils s'efforcent de susciter leur bienveillance par des offrandes, des sacrifices animaux, des rituels et des pratiques chamaniques.

Les Santhal d'Orissa et du Bengale croient en une hiérarchie d'esprits habitant les bosquets sacrés en périphérie de chaque village. Les Bhil, l'une des tribus les plus nombreuses d'Inde occidentale, façonnent des chevaux de terre cuite dont les cavaliers accompagnent les morts dans leur voyage jusqu'à l'au-delà. Les buffles jouent un rôle central dans la religion traditionnelle des Toda, une petite communauté pastorale de la région montagneuse des Nilgiri en Inde du Sud. Les rites comprennent des libations de lait au lever et au coucher du soleil. Les Naga du Nord-Est, jadis coupeurs de tête, sont aujourd'hui chrétiens à 80 % mais pratiquent toujours le culte des ancêtres.

Les fêtes officielles

Il n'existe que trois fêtes nationales officielles : la fête de la République (26 janvier), la fête de l'Indépendance (15 août) et l'anniversaire de Gandhi (2 octobre). Ces jours sont fériés.

La fête de la République

Toute l'Inde pavoise pour la célébration de la proclamation de la République, mais c'est à Delhi qu'elle prend le plus d'éclat. Les Presidential Awards (« prix présidentiels ») y sont remis avec toute la pompe qui s'impose. Au cours du défilé, des délégations chamarrées des différents États et sous-cultures du pays succèdent aux militaires de tous les corps d'armée.

La fête de l'Indépendance

Tout ferme pour l'anniversaire de la déclaration d'Indépendance, le 15 août 1947. Le Premier ministre prononce un discours depuis le Fort Rouge de Delhi. Les enfants profitent de ce jour de liberté pour faire voler des cerfs-volants.

L'anniversaire de Gandhi

Personnage sans doute parmi les plus emblématiques de l'Inde, père de l'indépendance, Gandhi reste vénéré par la population. Son anniversaire de naissance, le 2 octobre, donne lieu à une grande fête au cours de laquelle des fidèles viennent se recueillir au mémorial de Rak Ghat, près de New Delhi, où il a été incinéré. Administrations et écoles restent fermées ce jour-là. Depuis 2007, le 2 octobre est aussi la journée mondiale de la non-violence, sur proposition de l'Assemblée générale des Nations unies.

Les fêtes traditionnelles

De multiples célébrations rythment l'année et certaines donnent lieu à des jours de congés. La plupart ont des dates variables, basées sur un calendrier lunaire ou zodiacal. Si vous vous rendez en Inde pour un voyage professionnel, renseignez-vous avant de partir pour éviter de vous trouver devant des portes closes ou de voir vos déplacements gênés par des processions.

Shivaratri

En février, les hindous honorent au cours de la « nuit de Shiva » son union avec Parvati. Les plus dévots pratiquent le jeûne, notamment en Uttar Pradesh.

Holi

Marquant la fin de l'hiver en mars, cette fête hindoue commence par un bûcher : celui où brûle le démon Holika en signe de triomphe du Bien sur le Mal. Le lendemain est le jour des couleurs, un temps de transgression. Dans les rues, tout le monde s'asperge d'eau colorée et de teintures en poudre. Les visiteurs ne sont pas épargnés. Attention, les produits utilisés ne sont souvent bénéfiques ni pour la peau, ni pour les vêtements. C'est à Varanasi (Bénarès) que les réjouissances prennent le plus d'intensité. Ce grand centre du shivaïsme est réputé pour ses commerces de *bhang*, la boisson officielle de cette fête. Elle a pour base un mélange de feuilles de cannabis pilées et d'épices, qui entre aussi dans la composition d'amuse-gueules.

Le ramadan

La grande période de jeûne des musulmans a lieu à des dates variables selon les années. Les pratiquants de plus de 12 ans, en dehors des femmes enceintes et des vieillards, s'abstiennent de manger et de boire pendant la journée et évitent les comportements immoraux ou égoïstes. Familles et amis se retrouvent à la nuit tombée pour faire bombance, souvent jusqu'au petit jour. Dans certains quartiers, mieux vaut, pendant cette période, éviter de porter en public à sa bouche de la nourriture, une boisson ou une cigarette. La fête de l'Aïd, marque la fin des restrictions.

Diwali (fête des Lumières)

Prévoyez des bouchons d'oreilles si vous comptez dormir pendant ces festivités qui durent une semaine en octobre. Les déclinaisons locales varient, mais dans tout le pays, on illumine les maisons et on échange des friandises et des cadeaux. Partout aussi, des pétards explosent du soir au matin. Diwali commémore le retour de Rama et de son épouse Sita dans leur royaume d'Ayodhya après la défaite du démon Ravana. Pour beaucoup d'hindous, il s'agit aussi d'éclairer le chemin jusqu'à leur domicile pour que Lakshmi, déesse de la Richesse, l'emprunte. Au Bengale, Kali, la déesse noire, lui ravit la vedette pour Kali Puja.

Les jaïns commémorent quant à eux le jour où Mahavira, leur maître divinisé, atteignit l'Illumination.

Fêtes et processions

Certaines célébrations ne suivent pas un rythme annuel. La plus importante du monde, le Kumbh Mela, la « fête de la Jarre », a lieu tous les trois ans par roulement à Allahabad, Haridwar, Ujjain et Nasik, quatre villes du Nord. Les pèlerins se lavent de tous leurs péchés en se baignant dans le Gange au moment propice où, selon les calculs des astrologues, il charrie le nectar divin d'immortalité. En 2001, quelque 70 millions de croyants se sont regroupés à l'extérieur d'Allahabad pour le Maha (« grand ») Kumbh Mela qui ne se déroule que tous les 144 ans.

Toutes les images sacrées, semble-t-il, depuis celles de Ganesh, le dieu à tête d'éléphant, jusqu'aux statues de la Vierge Marie, paradent dans les rues au moins une fois par an, portées à dos d'homme ou en char à bœufs, et plus rarement à dos d'éléphant. Parées de fleurs et parfois habillées, ces effigies sont portées en procession du lieu où le culte leur est rendu jusqu'à un cours d'eau où elles sont plongées dans un bain rituel.

Tous les moyens sont bons en Inde pour perpétuer les événements sacrés. Sortes de pièces de théâtre, les *lila* retracent des épisodes mythologiques. Dans le Nord, leurs jeunes acteurs, transformés en incarnations divines par leurs costumes et maquillages colorés, participent à des défilés. Les danseurs classiques aussi incarnent des personnages de grandes légendes. Au Tamil Nadu, des musiciens de rue badigeonnés de blanc soufflent dans des trompes en battant du tambour comme s'ils étaient en transe. Les *phadas*, des peintures populaires sur tissu de l'Ouest du pays, rendent hommage à des héros locaux.

Les célébrations et rituels indiens fascinent par leur diversité et leur nombre. Ils peuvent aussi s'avérer frustrants pour les personnes en déplacement professionnel. Fêtes nationales et locales vident les bureaux ou ne leur laissent qu'une efficacité virtuelle.

Des processions ou des rassemblements bloquent les routes. Les personnes à contacter deviennent indisponibles ou ont l'esprit ailleurs. Il est toutefois possible de transformer en opportunités ces aléas inévitables. Ils offrent l'occasion de jeter des ponts personnels et culturels. Les Indiens sont en général très hospitaliers. Demandez à une relation d'affaires si vous pouvez vous joindre à sa famille pendant la fête. Apportez le cadeau approprié (voir page 73) et évitez de parler travail. Voyez ce qu'est la vie courante de vos interlocuteurs et posez des questions. Une journée de ce genre vaut plus que cent réunions de travail pour établir un lien de confiance.

Les pèlerinages

Pour les Indiens, les pèlerinages font partie intégrante de la vie. Ils sont aussi devenus une affaire rentable. Des étrangers du monde entier viennent y assister ou y participer pour des raisons religieuses ou par simple curiosité. Les sites sacrés se comptent par milliers et, si les hindous en ont le plus grand nombre, aucune religion n'en manque.

Bénarès (Varanasi) est aux hindous ce que la Mecque est aux musulmans. Des millions de dévots s'y rendent chaque jour. Beaucoup nourrissent l'espoir d'y finir leur vie, car y mourir et y être incinéré apporte le salut.

Divinité née de l'union de Shiva et de Vishnou, Ayyappan exige beaucoup des pénitents qui font le pèlerinage jusqu'à son temple de Sabarimala situé à 1 219 m d'altitude dans les Ghâts occidentaux du Kerala. Ils doivent au préalable s'abstenir pendant 40 jours de consommer viande et alcool, d'avoir des rapports sexuels et de se raser. Équipés d'un sac à dos contenant des offrandes, des aliments spécifiques pour se nourrir pendant la longue marche et une petite couverture, ils gravissent la montagne en chantant « Samiye, Saranam Ayyappa » (« Ô Seigneur Ayyappan, je viens à toi dans l'espoir d'un refuge »). Les femmes en âge d'enfanter ne sont pas autorisées à pénétrer dans le sanctuaire. Pendant la grande fête de mars, n'espérez pas trouver une place dans un transport public pour venir de la ville voisine de Thiruvananthapuram (Trivandrum).

Une bénédiction des dieux

Aucune célébration hindoue n'est complète sans *prasad*, de la nourriture présentée en offrande à une déité. Il se peut qu'on vous en donne, probablement sous forme de sucrerie, afin de vous faire bénéficier des bienfaits dont la divinité l'a imprégnée. Portez-la rapidement à votre bouche avec votre main droite (la gauche est considérée comme impure). Les hindous évitent d'en proposer à un croyant d'une autre religion par égard pour sa foi. Vous n'avez donc pas à aller contre vos convictions : un refus humble et respectueux n'offensera personne. Vous en tenir à votre propre forme de dévotion suscitera au contraire le respect.

Pendant neuf jours en septembre, des dizaines de milliers de pèlerins convergent vers le temple de Shri Venkateshvara, seigneur des Sept Collines, à Tirupati dans l'Andhra Pradesh. Ils font la queue pendant des heures dans le seul but de se retrouver devant l'image de la divinité pour l'oindre de camphre ou présenter leurs cheveux fraîchement coupés en offrande. Un dévot qui en a les moyens financiers peut demander à ce qu'un des rituels quotidiens, comme le lever ou le coucher du dieu, soit effectué en son nom, une manne qui vaut au temple de Tirupati de compter parmi les sanctuaires les plus riches du monde. En fait, seul le Vatican le dépasse.

Le « Lourdes de l'Orient » se trouve à Velankanni dans le Tamil Nadu. Les chrétiens, entre autres, s'y rassemblent en grand nombre pendant une célébration de dix jours en septembre. Sur un site où une « belle dame » apparut au XVIe siècle en quête de lait pour son enfant, puis pour soulager un boiteux de son infirmité et demander l'édification d'une chapelle, des centaines de guérisons miraculeuses auraient eu lieu. Elles valent à cette manifestation de la Vierge le nom d'Arokia Matha, Notre-Dame de la Bonne Santé.

Les fêtes familiales

Chaque communauté indienne possède ses propres rites pour les événements importants de la vie familiale. La plupart ont pour origine des croyances religieuses. Certains sont spécifiques à une caste. Tous sont célébrés de manière à mettre en relief leur importance non seulement pour l'individu, mais pour toute la communauté.

Les naissances

Les rites du cycle de la vie lient, dès son premier souffle, un être humain à une famille, une communauté, une histoire et le divin. Ils diffèrent énormément d'une famille à une autre.

En général, une femme rentre chez ses parents pendant le dernier trimestre de sa grossesse et y reste jusqu'à ce que le bébé ait 1 mois. Sa propre mère veillera sur elle et l'aidera à s'occuper du nouveau-né et des frères et sœurs qui ont fait le voyage.

Les traditions entourant la petite enfance portent la marque des siècles où sévissait une mortalité infantile élevée. Un enfant peut ainsi ne pas recevoir de prénom avant d'avoir prouvé sa capacité à survivre, restant parfois « Bébé » ou autre appellation affectueuse jusqu'à l'âge de deux ans.

Le mode de choix du prénom dépend de la communauté. Chaque caste et groupe culturel a ses propres méthodes. Un hindou ira peut-être consulter des astrologues pour connaître le prénom portant les meilleurs auspices. Dans le Sud, certains chrétiens adoptent des prénoms occidentaux ou bibliques anglicisés. Les garçons du Tamil Nadu portent parfois les prénoms de leur père et de leur grand-père en plus du leur. Le patronyme d'un habitant du Kerala peut comprendre un nom de « maison » ou de clan indiquant sa lignée ancestrale. Dans toutes les communautés, les prénoms des vedettes de cinéma ont le même succès que les noms des héros mythologiques et des divinités.

Les mariages

Souvent, le mariage n'est pas un simple sacrement, mais aussi une alliance sociale ou politique. La fondation d'une nouvelle famille et le renforcement de la communauté revêtent tant d'importance que les parents se donnent beaucoup de mal à chercher des conjoints convenables pour leurs enfants. Toutes les relations sont mises à contribution, aussi bien les réseaux familiaux, amicaux et professionnels que les intermédiaires avec le divin comme l'astrologue, l'imam ou le prêtre.

Les unions restent en majorité « arrangées ». Pour un membre d'une culture individualiste, la pratique apparaît injuste et relève même du mauvais traitement. Mais « arrangé » ne signifie pas « contraint ». Ce système fonctionne depuis des milliers d'années et il est intimement lié au mode de fonctionnement et au système de valeurs indiens. Les qualités du futur conjoint dépendent moins de sa personnalité que de son statut social et culturel et de l'appartenance à la même caste et classe. Il s'agit moins d'épouser une personne que sa famille.

Traditionnellement, les jeunes gens vivent chez leurs parents et restent sous leur responsabilité jusqu'au mariage. Et leurs parents jouent un rôle majeur dans toutes leurs décisions capitales. Ils exercent ainsi de fortes pressions pour les diriger vers des professions et des unions jugées appropriées à leur rang. À leurs yeux, ils ne font là que contribuer à donner à leurs enfants la meilleure existence possible.

Beaucoup de jeunes gens, en particulier en ville, ont des histoires d'amour mais ils les gardent en général secrètes quand elles ne répondent pas à ce qui est attendu d'eux. Dans le cas contraire, le couple peut demander à ce que son mariage soit

« arrangé ». Mais les scénaristes de Bollywood comptent parmi leurs thèmes de prédilection les récits de passion tournant à la tragédie pour cause de rejet familial.

Les enfants en âge de convoler et leurs parents utilisent aujourd'hui Internet pour étendre leurs possibilités de choix. Ce média permet aux deux jeunes gens destinés à être unis de communiquer sans se trouver en présence l'un de l'autre et de peser davantage sur la décision familiale sans enfreindre les règles de bienséance.

Aucun facteur n'a plus de portée que la religion. Se marier hors de sa foi revient à rejeter ses parents, son groupe familial et sa propre identité. Les conversions suscitent la même réprobation. Elles aussi ont de lourdes conséquences sur l'honneur, les relations et le champ de possibilités de l'individu et de toute sa famille.

Bien que déclarée illégale depuis 1961, la dot reste au cœur des tractations entourant le mariage. Dans la plupart des cas, elle est juste un moyen parmi d'autres de trouver un bon partenaire pour une longue vie commune. Elle peut aussi permettre à une fille de recevoir une part de la richesse familiale, car jusqu'à récemment, les femmes n'avaient pas le droit d'hériter. Le plus souvent toutefois, l'argent et les cadeaux ne vont pas à la mariée mais aux parents du garçon. Parfois, ils servent ainsi à faciliter une alliance avec une famille de plus haut statut, source de prestige. La coutume possède un revers plus noir. Les « incendies de cuisine » alimentent régulièrement la rubrique des faits divers. Il s'agit de meurtres camouflés en accidents domestiques. Ils ont pour mobile la frustration d'une belle-mère ou d'un époux insatisfaits par le montant de la dot.

La loi qui interdit le mariage des enfants a pour origine une décision prise par l'administration britannique en 1929 : imposer un âge minimum de 12 ans. En 1978, le seuil a été élevé à 18 ans pour les femmes et 21 ans pour les hommes. Mais pendant deux millénaires, certaines communautés ont marié leurs enfants très jeunes, en particulier les filles. Les Rajputs (les princes guerriers du Rajasthan) agissaient ainsi pour prévenir leur enlèvement par des envahisseurs. Les défenseurs actuels de la pratique prétendent préserver la pureté des fillettes et leur éviter une indépendance néfaste. Ils se comptent encore principalement parmi les plus pauvres, car un mariage précoce réduit l'importance de la dot à verser et libère d'une bouche à nourrir. Dans la mesure où de telles unions ne sont pas déclarées, les statistiques manquent sur la question. Mais l'usage reste répandu au Madhya Pradesh, en Uttar Pradesh, au Bihar, au Bengale occidental et surtout au Rajasthan. Dans ce dernier État, 55 % des filles seraient mariées avant 15 ans et 17 % avant 10 ans.

Les cérémonies qui accompagnent la noce varient selon la religion, la secte, la caste et la région. Mais, pour affirmer leur prestige, les familles se doivent de ne pas regarder à la dépense et il arrive qu'elles aillent jusqu'à s'endetter lourdement.

Les mariages hindous

Lors des noces en grande pompe, le fiancé habillé comme un prince chevauche un cheval blanc. Un petit garçon l'accompagne. Il joue le rôle de porte-bonheur censé garantir un premier-né de sexe masculin. Des musiciens, en uniformes rouges à épaulettes et fez ou turbans garnis de blanc, entourent sa suite qui se dirige en dansant vers la fiancée et les membres de sa famille.

Ceux-ci accueillent les arrivants en marquant leurs fronts de poudre rouge. Le couple, dont c'est peut-être la première rencontre, échange des guirlandes et le premier des vœux. Vêtue d'un sari rouge et parée de bijoux, la promise a les mains décorées de motifs au henné. Elle est conduite jusqu'à la famille de son époux, à qui elle appartient désormais. Le rituel donne lieu à la remise de présents cérémoniels.

Le couple marche autour d'un feu sacré symbolisant leur voyage ensemble jusqu'à ce que la mort les sépare. Le prêtre récite des mantras et de nouveaux vœux sont échangés. Les jeunes mariés « nouent le nœud » : les mains liées par un cordon, ne formant plus qu'« un », ils sont bénis par les anciens et par le prêtre. L'homme dessine alors un point au vermillon sur le front de son épouse. À compter de ce jour, elle le gardera. La forme de ce *bindi* (« marque ») varie selon les régions. Également porté par les femmes non hindoues ou célibataires, il est un élément de parure. Il existe un immense choix de *bindi* autocollants, aux formes et couleurs variées.

Les mariages musulmans

Ils adaptent les règles islamiques aux traditions indiennes. La veille du grand jour, ou une semaine avant, les femmes des deux familles se réunissent dans la demeure de la promise pour des rituels accompagnés de chants traditionnels. Ils sont destinés à faire ressortir sa beauté. Un maquillage au curcuma rehausse son teint et des motifs au henné, sur les mains et sur les pieds, s'accordent au sari rouge. Un orchestre précède normalement le fiancé en route pour la cérémonie. L'imam prononce un court sermon et récite quelques sourates. Le garçon transmet à la fiancée une demande officielle qui doit être acceptée pour que l'union ait lieu. Aucun rite religieux ne marque celle-ci en dehors d'une demande de consentement mutuel. Le couple, les pères et l'imam signent le contrat de mariage. L'usage musulman veut que ce soit le mari qui apporte une dot *(mehar)*. L'échange a toutefois souvent lieu dans l'autre sens, selon la coutume indienne.

Après avoir été bénis par les anciens, les jeunes mariés participent séparément au repas de noces, car les deux sexes ne se mêlent pas pour les festivités. Ils ne se retrouvent qu'ensuite. La sœur du garçon lui donne alors le *thaali* (collier de mariage), qu'il passe autour du cou de celle qui partagera sa vie. Ce *thaali* a pour origine le *mangalsutra* hindou, marque distinctive des femmes mariées dans toute l'Inde.

La jeune mariée dit adieu à sa famille pour prendre sa place dans celle de son époux. Elle franchit le seuil de son nouveau foyer en passant sous le Coran que sa belle-mère tient au-dessus de sa tête.

Les mariages chrétiens

Les mariages chrétiens reprennent nombre de ces traditions. Les cérémonies de fiançailles commencent une semaine avant la noce ou la veille. La promise a également droit à des soins de beauté. La cérémonie à l'église n'est qu'un des épisodes d'une célébration de plusieurs jours à laquelle participent des centaines d'invités, parfois même des milliers. Vêtue de blanc, la jeune femme remonte l'allée centrale de la nef au bras de son père. Elle échange avec son mari un anneau et des guirlandes de fleurs. Il lui lie un *thaali* autour du cou et elle reçoit des vêtements de sa nouvelle famille. Elle les portera à la réception.

Les funérailles

Dans un pays où quelqu'un décède toutes les 6 secondes et où 15 000 funérailles sont célébrées chaque jour, la mort n'est pas une réalité lointaine ou camouflée.

Les rituels hindous

Baigné, habillé et couvert de fleurs, le corps est transporté jusqu'au site de crémation. Il n'y a que des hommes, parents et amis, autour du bûcher. Les femmes marquent le deuil à la maison. Lorsque des prêtres ont achevé les rites, le fils aîné allume le feu qui libérera l'esprit de son enveloppe charnelle pour lui permettre de se réincarner. Les cendres et les fragments d'os sont dispersés dans une rivière.

La famille reste « polluée » pendant quelques jours. Il lui est interdit de faire des offrandes à l'autel domestique, de participer à des cérémonies religieuses ou de rendre des visites. Des guirlandes décorent les images du défunt disposées dans la maison.

De petites assiettes de nourriture sont déposées à son intention. Des célébrations à sa mémoire ont lieu pendant la première semaine, puis 35 jours et enfin 1 an après le décès. Se marier au cours de l'année suivant la mort d'un proche est considéré comme une marque d'irrespect.

Les rituels musulmans

Après des ablutions rituelles, le corps est rapidement enterré. Les femmes restent également à la maison. Des parents transportent le cadavre soigneusement enveloppé jusqu'au terrain où il sera inhumé la tête orientée vers La Mecque, prêt à la résurrection le jour du Jugement dernier. Les hommes présents jettent de la terre dans la tombe en récitant des versets du Coran. Des repas de deuil ont lieu le 14e jour, puis les 4e, 6e, 9e et 12e mois qui suivent les funérailles.

Jadis, une veuve s'habillait de blanc et n'avait pas le droit de se remarier. La tradition du *sati* voulait même qu'elle se jette dans les flammes du bûcher de son mari. Cette coutume est interdite depuis 1827, mais quelques cas se produisent encore dans les régions les plus reculées.

Les rituels chrétiens

Tous les parents éloignés viennent soutenir les proches dans leur chagrin. Un cortège accompagne le défunt, placé dans un cercueil ou sur un palanquin, jusqu'au cimetière de l'église. Un prêtre ou un pasteur accomplit les rites de mise en terre. La famille se rend sur la tombe lors des fêtes chrétiennes et pour d'autres occasions importantes. Conformément à la tradition indienne, il n'est pas convenable de se marier dans l'année qui suit le décès d'un proche.

Superstitions et augures

La relation constante qu'entretiennent les Indiens avec le monde spirituel leur vaut de donner crédit à ce que des Occidentaux pourraient considérer comme des superstitions. Si nombre de ces croyances ont pour origine des récits religieux, beaucoup d'autres échappent aux clivages entre cultes, castes et sous-cultures.

Les superstitions ont souvent une relation avec la crainte d'être victime d'un mauvais sort. Les membres de toutes les classes se livrent à des pratiques destinées à les protéger des effets malfaisants de la jalousie, des mauvaises intentions ou des malédictions qu'ils pourraient susciter.

Quelques croyances répandues

Le corbeau est de mauvais augure s'il vole au-dessus de la maison. Son croassement annonce l'arrivée d'invités : suivant les personnes qui arriveront, à vous de l'interpréter comme un bon ou un mauvais présage ! Voir un pivert porte chance. L'entendre, non. Un hibou prévient qu'il faut se préparer à une tragédie.

Rêver de mariage porte bonheur, rêver de mort est mauvais signe. Les rêves ont un sens et méritent attention, surtout s'ils concernent un ancêtre cherchant à transmettre un message. Les Indiens apportent beaucoup de crédit aux présages

Si vous avez les yeux qui piquent, c'est sans doute qu'une personne jalouse vous veut du mal. La jalousie inquiète en permanence les Indiens et les précautions ne manquent pas pour se protéger de ce sentiment dangereusement destructeur.

Amulettes et talismans portés au poignet, main de Fatima peinte sur un mur, prière en état de jeûne et offrandes spéciales comptent parmi les moyens utilisés pour repousser le « mauvais œil ».

Certaines dates ou jours de la semaine sont plus ou moins propices à un mariage, un départ en voyage ou à la mise en chantier d'une construction. Les hindous consultent des astrologues avant de se lancer dans un projet important.

La direction dans laquelle vous placez votre tête pour dormir peut influencer votre bonheur futur. Avoir du basilic *(tulsi)* devant la maison favorise la bonne fortune. Dans le Sud, surtout dans les villages, les femmes nettoient le seuil au petit matin et y dessinent des motifs élaborés avec du riz ou de la poudre de riz pour protéger le foyer des esprits mauvais et l'ouvrir aux bénédictions.

La première fois qu'elle pénètre chez son mari, une jeune mariée doit poser le pied droit en premier. Des malheurs se produiront sinon. Une jeune mariée est, en tant que telle, de bon augure. Elle porte bonheur à qui la voit.

Si vous avez la chance d'être invité à un mariage, prenez soin de ne pas offrir des couteaux (qui « sectionnent » les relations) ou des fleurs coupées (mortes, elles conviennent aux morts). L'argent liquide est une valeur sûre, mais la somme doit correspondre à un nombre impair. Vous surprendrez le couple (ou leurs parents) en la remettant sous la forme culturellement appropriée : des billets d'une unité, symbolisant l'unité du couple. Dans ce cas, optez de préférence pour le dollar ou la livre sterling, car il n'existe ni billet de 1 roupie, ni billet de 1 euro…

Nourriture et boissons

Partout, vous trouverez des restaurants et des *dhabbah* (rustiques cafés en plein air) proposant des plats régionaux, nationaux et internationaux. Vous devrez peut-être changer vos habitudes. L'intimité et l'espace personnel ne comptant pas parmi les priorités, vous aurez sans doute à partager une table. Dans les salles comme en cuisine, l'hygiène laisse parfois à désirer. À défaut de mieux, la propreté des espaces publics offre une indication de ce qui se passe autour des fourneaux.

Des chaînes américaines de restauration rapide comme KFC et McDonald's sont devenus populaires en ville. Leurs succursales vendent des mets spécifiques à l'Inde et inconnus en Europe. Par exemple, les hamburgers sont toujours préparés avec du mouton et des spécialités végétariennes figurent à la carte.

Les spécialités régionales

Géographie et religion contribuent à la diversité de la cuisine. Dans le Sud et le Nord-Est, les régions les plus arrosées, le riz est la base de l'alimentation, tandis qu'elle repose sur des pains plats dans les plaines centrales et le Nord, propices à la culture du blé. Les populations côtières consomment du poisson. Dans le Nord-Est, les modes de préparation et le choix des ingrédients, souvent du porc, reflètent l'influence de la Chine voisine. Dans les régions à forte présence musulmane, vous pourrez déguster des spécialités *mughlai*, notamment d'épais et riches currys agrémentés de fruits secs. Les mets du Gujarat se distinguent par leur douceur, les cuisiniers utilisant du *jaggery* (sucre non raffiné) pour équilibrer le sel. Le *thali* est un classique du Tamil Nadu : pour une somme ridiculement basse, vous avez droit à une grande assiette en inox garnie de riz et de petites quantités de *rasam* (soupe de poivron), *shambar* (bouillon de légumes), *dhal* (lentilles) et divers autres plats végétariens. Un dessert et un *chapatti* ou un *puri* complètent cet assortiment. L'Andhra Pradesh est réputé pour ses currys incendiaires servis avec des piments crus et du riz.

Presque tous les Indiens ajoutent des piments dans leurs plats et leurs conserves. Celles-ci comptent de nombreux *pickles*. La composition et la saveur de ces condiments varient non seulement d'une région à une autre, mais aussi d'un foyer à l'autre.

Les pourboires

Il est d'usage de donner un pourboire au restaurant. Les établissements haut de gamme prélèvent une *« luxury tax »* de 15 à 20 % qui correspond de fait à un pourboire obligatoire. Vous n'avez pas à la compléter. Ailleurs, laissez quelques roupies plutôt qu'un pourcentage de la note. Les porteurs d'hôtel reçoivent de 5 à 10 roupies par bagage, ou lorsqu'ils rendent un service exceptionnel. Normalement, les chauffeurs de taxi et les serveurs des *dhabbah* n'attendent pas de pourboire. Certaines occasions peuvent donner lieu à des dons d'argent aux domestiques, aux chauffeurs et aux personnes régulièrement à votre service. Ils sont alors interprétés comme un *baksheesh*, une gratification remise à l'avance pour avoir la garantie que le travail soit accompli. Si vous sortez en compagnie d'amis ou de collègues indiens, le mieux consiste à les imiter ou à les interroger sur la marche à suivre.

Les apprécier demande en général un certain temps d'adaptation aux palais occidentaux.

Les sucreries raviront les gourmands. Les plus répandues comprennent les *gulab janum, rasgulla* et *ras malai* à base de lait et les beignets appelés *jalebi*. Parmi les spécialités locales, citons le *petha,* du melon d'hiver confit (Uttar Pradesh) et le *payasam,* du lait cuit avec du sucre, des fruits secs et des nouilles (Kerala). Certaines occasions donnent lieu à la dégustation de douceurs parées de feuilles d'argent comestibles ou de *besan ladoo,* boulettes de farine de pois chiche parfumées à la cardamome.

Il arrive que le *chai* ou le café soient servis après le dîner, mais ils sont plus habituellement consommés avant le petit-déjeuner ou entre les repas. Le *chai* est préparé en faisant bouillir des feuilles de thé dans un fond d'eau, puis en ajoutant du lait et du sucre. En certaines occasions, et dans certaines régions, on y ajoute des épices comme la cannelle, le clou de girofle ou le gingembre. La façon la plus répandue de servir le café, le *« milk coffee »*, est un mélange très sucré de café instantané et de lait. Vous pourrez boire du « café filtre » en Inde du Sud. Le « café noir » ne contient pas de lait mais n'en est pas moins sucré. Si vous le voulez sans sucre, vous devrez le spécifier clairement.

Les échoppes de rue

Quelque 10 millions de marchands ambulants proposent de quoi se restaurer dans les rues. Vous ne mourrez jamais de faim si vous avez quelques roupies. Dans le Sud, des stands sur les quais de gare préparent de grandes *dosai* (crêpes de riz) frites dans du *ghee* (beurre clarifié) et fourrées aux pommes de terre. Tranchés avec adresse, fruits et légumes sont superbement présentés, souvent dans des feuilles de bananier. En bord de route, de grands broyeurs pressent du jus de canne directement dans des verres rarement très nets. Dans le Nord, les soirs d'hiver, les passants se réchauffent avec des œufs durs saupoudrés de sel, de poivre et de coriandre. Le *chai* (thé) se boit parfois dans de petites tasses de terre que l'on jette au sol après usage. *Gol gupa, samosa* et *jalebi* comptent parmi les très nombreux en-cas salés ou sucrés, souvent végétariens.

Les différentes sortes d'aliments

Chaud ou froid

Si vous restez quelque temps en Inde, vous constaterez que les Indiens distinguent les aliments « *hot* » et les aliments « *cold* ». Cette opposition ne s'applique pas à des mets pimentés ou non. Elle n'indique pas non plus la température à laquelle ils sont servis. Elle concerne l'effet qu'ils sont supposés avoir sur l'organisme selon la médecine ayurvédique. Ces notions de « chaud » et de « froid » sont à la base des austères avertissements que peuvent donner les anciens sur ce qu'il faut (ou pas) manger selon la saison, son état de santé ou sa condition.

Les femmes enceintes se doivent ainsi de renoncer strictement aux aliments chauds par crainte qu'ils ne provoquent une fausse couche. Qu'elles mangent de la papaye, et en particulier les graines, et c'est l'avortement garanti. Après l'accouchement, ces aliments chauds vont au contraire les aider à se remettre. Ils incluent la viande, le poisson, les œufs, les fruits secs et des fruits et légumes comme la banane, l'ananas, le jaque, la noix de coco, l'aubergine, la pomme de terre et, bien évidemment, le piment rouge. Les mangues sont si chaudes qu'elles mettent en ébullition lorsqu'on en abuse. Les produits laitiers comme le yaourt ou le babeurre sont froids et ne valent rien aux jeunes mères car ils donnent à leurs bébés des troubles digestifs. Les aliments froids rendent malades en hiver.

Vous entendrez d'autres recommandations : ne pas boire de l'eau juste avant ou pendant un repas, ni de lait après un mets aigre, éviter crèmes glacées et boissons fraîches par temps froid ou en cas de rhume. Les membres des jeunes générations ont une moindre connaissance de ces restrictions, mais ils les appliquent souvent sans s'en apercevoir car leurs mères et leurs grands-mères les ont élevés en les respectant.

Pur et impur

Certaines règles de savoir-vivre correspondent aussi à des pratiques salutaires pour préserver sa santé dans le contexte indien. Ainsi, la main gauche est impure car utilisée pour l'hygiène intime. Seule la droite peut servir et toucher la nourriture. Les enfants gauchers subissent un entraînement draconien pour ne pas le rester. Voir un étranger gaucher manger avec sa main dominante choque ou dégoûte la majorité des Indiens. Demandez une fourchette !

Il existe également des aliments impurs, notamment toutes les formes de viande pour les hindous et le porc pour les musulmans et de très nombreux chrétiens. Crustacés et charognards inspirent aussi des rejets.

L'alcool

Boire de l'alcool reste considéré comme un vice dans la société indienne. La plupart des Indiens n'en consomment pas et il n'est pas facile de trouver un restaurant qui en sert. Avant l'indépendance, Gandhi poussait les gouvernements locaux à l'interdire et différents régimes de prohibition restèrent en vigueur jusqu'en 1977. Le Gujarat, son État de naissance, est aujourd'hui le seul à imposer un « régime sec ». La publicité pour des boissons alcoolisées demeure illégale sur l'ensemble du territoire. L'influence occidentale, l'essor du consumérisme, l'évolution des structures familiales ainsi que l'apparition d'une classe moyenne entraînent toutefois aujourd'hui une augmentation de leur consommation chez les jeunes adultes citadins, y compris les femmes, même si ce phénomène concerne seulement 5 % d'entre elles.

Malgré leur nombre relativement restreint, les buveurs ne manquent pas de bars. Il s'agit le plus souvent d'établissements peu recommandables ayant une clientèle d'habitués masculine. Seules les grandes villes comme Bombay, Calcutta, Delhi, Bangalore, Pondichéry et Goa renferment des bars et clubs plus haut de gamme où même des jeunes gens n'ayant pas l'âge se voient accorder (illégalement) l'accès. Goa est aussi le seul État abritant des casinos.

L'âge légal minimum pour acheter de l'alcool varie localement entre 18 ans en Uttar Pradesh, au Karnataka et à Goa, et 25 ans à Delhi. La plupart des villes imposent des couvre-feux et certaines, comme Bangalore, interdisent même les boîtes de nuit. Certains hôtels cinq-étoiles bénéficient d'une exemption, mais attendez-vous à payer cher le droit d'entrée et les boissons.

Les alcools de fabrication artisanale sont courants en zone rurale. Le *toddy* est un vin de palme. Le *thara* est une redoutable eau-de-vie de canne à sucre. Chaque année, le méthanol formé pendant la distillation empoisonne des centaines de personnes.

chapitre 7

Découvrir l'Inde

En matière de modes de transport, difficile de faire plus exhaustif que l'Inde. Les voyageurs y disposent d'avions, de trains, de bus, de taxis, d'automobiles, de scooters, de chameaux, d'éléphants, de chars à bœufs, de voitures à cheval et de rickshaws à trois roues, deux roues ou même deux pieds. Les déplacements à l'intérieur du pays sont relativement peu coûteux mais imposent de relever les défis posés par des routes en piteux état, un réseau ferroviaire vieillissant, des aéroports chaotiques et un manque général d'organisation et d'installations sanitaires. Le récent développement économique s'est accompagné de contraintes grandissantes sur les infrastructures. Le gouvernement s'efforce d'améliorer le réseau routier et son entretien. La banque mondiale investit également dans la construction de routes et la modernisation des trains et des voies ferrées. Les aéroports privatisent pour développer leurs services au sol comme dans les airs.

Vous repérer dans les offres de transport et veiller sur votre sécurité et vos biens pendant les trajets exigera des efforts. Mais l'expérience est étonnante et riche d'enseignements.

Circuler en avion

L'Inde possède 12 aéroports internationaux et de nombreux autres réservés aux lignes intérieures. La compagnie aérienne nationale, Indian Airlines, a perdu son monopole en 2005.

Malgré la baisse des tarifs et l'amélioration des services engendrée par le développement de la concurrence, les vols intérieurs restent chers, surtout pour de courtes distances. Mais cela ne décourage pas les voyageurs, indiens ou étrangers. Le trafic aérien a triplé en quelques années. C'est une bonne nouvelle pour les personnes souhaitant se déplacer vite et une moins bonne nouvelle pour les aéroports indiens. Ils manquent des infrastructures adéquates pour gérer cette augmentation de fréquentation des pistes et des terminaux. C'est particulièrement vrai à Delhi et Bombay, plaques tournantes de la moitié du trafic aérien.

Circuler par la route

Environ 90 % du transport de passagers et 65 % du fret de marchandises s'effectuent par voie terrestre. Le nombre des routes a augmenté au cours des cinquante dernières années, mais leur qualité laisse toujours à désirer. Le réseau routier s'étend sur 3 millions de kilomètres, en majorité des chaussées étroites, construites à la va-vite, mal entretenues et congestionnées, en particulier dans les zones urbaines. Selon la Banque mondiale, il n'y en a pas plus de 20 % en bon état. Beaucoup sont submergées pendant la mousson, notamment dans le Nord et le Nord-Est.

En taxi

Les courses prépayées offrent le moyen le plus sûr de rejoindre votre hôtel depuis l'aéroport ou la gare. Vous aurez la garantie d'avoir un chauffeur agréé et de payer le juste prix, visible sur le compteur. Ne remettez pas le bon acheté au comptoir avant d'être arrivé à destination. Il n'est pas nécessaire de laisser un pourboire, mais les bagages peuvent donner lieu à un petit supplément. Renseignez-vous en réglant la course.

Malgré l'arrivée de véhicules plus récents, les taxis restent principalement des Premier Padmini dérivés d'un modèle Fiat de 1953 et des Hindustan Ambassador fabriqués depuis 1957 sur une base de Morris Oxford. Peints en jaune ou en jaune et noir, ils sont aisément reconnaissables. Un slogan comme « *Allah hu Akbar* », « *Ram Satya Nam* » ou « *Jesus is Lord* » signale l'affiliation confessionnelle du chauffeur. À l'intérieur, le pare-soleil arbore des photos de famille, et le pare-brise ou le tableau de bord des images de divinités ou des symboles religieux. Des talismans pendent du rétroviseur. Tant que vous y êtes à détailler l'intérieur du véhicule, vous pouvez noter le nom du conducteur et son numéro de licence pour le cas où un problème se poserait.

Observer la circulation urbaine en Inde permet de déduire que, si le code de la route existe bel et bien, deux règles implicites prévalent dans les rapports entre automobilistes :
1. Ne jamais laisser de vide.
2. Le plus gros véhicule a la priorité.
Tout visiteur aura en tête ces deux pratiques avant de s'aventurer au milieu des voitures…

Si votre chauffeur vous propose en cours de route de vous conduire à un autre hôtel en disant qu'il n'arrive pas à trouver le vôtre ou que celui-ci est complet, il vous prend pour une personne crédule. S'il persiste, demandez-lui de vous ramener au comptoir de paiement des courses pour prendre un autre taxi. La discussion sera plus difficile si vous lui avez déjà donné le coupon qui lui permet d'être payé.

La plupart des chauffeurs parlent assez d'anglais pour comprendre votre destination et vous dire combien vous leur devez. La somme apparaît de toute façon sur le taximètre. Certains proposeront de profiter du trajet pour faire une visite de la ville. Si la course s'est bien passée, sentez-vous libre de laisser un pourboire. Si vous n'êtes pas d'humeur bavarde, faites semblant de dormir ou cessez simplement de prêter attention.

Il est possible d'engager un chauffeur de taxi pour quelques jours afin de se faire conduire régulièrement à son travail ou à ses rendez-vous ou pour rejoindre un site touristique. On peut en général compter sur sa ponctualité et sa fiabilité.

Si un chauffeur vous demande l'autorisation de prendre d'autres passagers en cours de route, il s'agit là d'une pratique habituelle, mais vous avez parfaitement le droit de refuser.

En autorickshaw

Vous verrez se faufiler partout ces tricycles jaunes et noirs, moins chers que les taxis. Pour profiter au mieux de cet amusant mode de transport, prévoyez un mouchoir ou une écharpe légère à placer devant votre bouche et votre nez. Ouverts sur l'extérieur, les rickshaws n'offrent aucune protection contre la pollution dans les embouteillages. Tenez-en compte si vous souffrez de problèmes respiratoires.

En voiture

L'industrie automobile connaît une croissance rapide et le nombre de véhicules sur les routes augmente de 15 % chaque année. À côté des fabricants locaux comme Tata, Hindustan Motors et Maruti, toutes les grandes marques internationales cherchent à prendre des parts de ce marché prometteur.

On trouve des agences de location de voitures dans toutes les grandes villes. Il est recommandé de louer avec chauffeur, une solution relativement bon marché et qui procure déjà assez d'émotions pour combler un accro aux sensations fortes.

Les Indiens roulent à gauche. Les routes sont étroites et défoncées. Vaches et chiens occupent une grande part de la chaussée, y compris en ville. Les lignes continues ou de délimitation de voie ne signifient pas grand-chose. Les clignotants sont rarement utilisés, les klaxons beaucoup plus. Il arrive que des policiers règlent la circulation à des croisements équipés de feux tricolores pour la simple raison que ceux-ci sont ignorés. La circulation est parfois tellement bloquée qu'un observateur extérieur a du mal à imaginer qu'elle puisse reprendre un cours normal…

En autocar ou en bus

Les bus et autocars offrent un moyen bon marché de se déplacer, mais vous n'en aurez pas forcément pour votre argent : arrêts constants, sièges exigus, chaussées cahoteuses et pas de toilettes ni dans le véhicule, ni dans les gares routières.

En ville, ils sont bondés et sales. Tout le monde pousse et donne des coups de coude pour monter. Puis les passagers s'entassent au point de manquer parfois de place pour chercher dans leur poche ou leur sac à main de quoi payer le trajet. Quand le receveur n'arrive plus à se frayer un passage, l'argent pour les billets passe de main en main pour l'atteindre.

En ville, les bus ne marquent pas toujours complètement les arrêts. Si vous hésitez à sauter en marche, vous avez de fortes chances de vous faire repousser à l'intérieur par le flot montant. Vous devrez alors affronter de nouveau le problème à l'arrêt suivant.

La surpopulation des bus facilite les agissements des pickpockets. De plus, les femmes qui ne trouvent pas de place assise risquent des attouchements. Elles doivent donc se protéger aussi bien des voleurs que des pervers.

Aux gares routières, des vendeurs de tous âges se précipitent pour proposer des boissons fraîches, du *chai* ou des snacks. Des mendiants s'accrochent aux fenêtres pour réclamer argent ou nourriture. Si vous avez besoin de descendre, vous devez d'abord en parler avec le chauffeur et lui demander de vous attendre. Cela vous évitera de vous retrouver dans un lieu improbable sans vos bagages.

Des véhicules plus confortables et climatisés commencent à équiper certaines lignes, mais les *ordinary* n'offrent que des conditions de voyage très rudimentaires.

Les accidents

Treize personnes meurent chaque heure d'un accident de la route en Inde et, chaque année, le nombre de blessés s'élève à plus de 1 million. Les chiffres sont en constante augmentation.

Ils ont pour causes principales les excès de vitesse, la conduite en état d'ivresse, les ceintures de sécurité non bouclées et la circulation en deux-roues sans casque.

La violence est également un problème sur la route. 14 % des automobilistes déclarent avoir été pris à partie lors d'incidents sur la route. L'humeur, le ton et les gestes se dégradent vite, en particulier pendant la saison chaude. Ne vous laissez pas emporter. La foule se rend parfois justice, même si c'est rarement contre des étrangers. Face à un conducteur furieux, ne descendez pas du véhicule, même s'il y a eu blessure (que vous en soyez la cause ou non). Demandez de l'aide et des conseils aux personnes qui vont inévitablement s'attrouper.

L'enfer du piéton

Une difficulté se pose pour les piétons : traverser la rue. Les piétons n'ont pas la priorité. Quand un espace se dégage dans la circulation, rejoignez le milieu de la chaussée, puis attendez que la chance vous sourit à nouveau pour atteindre l'autre côté. Chaque fois que c'est possible, la solution la plus sûre consiste à se mêler à la foule et à suivre le mouvement.

Circuler en train

Avec 64 000 km de voies ferrées, l'Inde possède le plus grand réseau d'Asie, et celui-ci dessert l'ensemble du territoire. Il faut dire que c'est un moyen de transport indispensable dans un pays aussi vaste, où les voitures restent encore rares, sauf dans les classes aisées. Environ 7 000 trains transportent chaque jour de 11 à 14 millions de passagers. Delhi et Calcutta possèdent des métros. D'autres villes importantes ont maintenu en service les trains de banlieue hérités de l'empire britannique. Excellent moyen de se plonger dans la réalité indienne, le train possède aussi l'avantage d'être moins cher et plus sûr que l'avion.

Les différentes classes

Elles ne sont pas toutes disponibles sur tous les trains.

Second Class Unreserved

Voici le choix à faire pour vous immerger dans « l'Inde véritable. » Les wagons abritent des banquettes prévues pour trois personnes, mais comme aucun système de réservation ne limite le nombre de passagers, on s'y serre souvent à plus. En outre, un étranger en deuxième classe est une rareté qui suscite l'envie d'être au plus près de lui. Évitez les places en bordure de l'allée centrale pour limiter les occasions d'être dérangé.

Third Class Unreserved

Le moindre espace est rempli et de nouveaux passagers montent à chaque gare, vous imposant de vous faire encore plus petit et de prêter encore plus attention à vos affaires. La dureté des sièges en bois et le manque de place rendent cette classe épuisante pour de longs trajets.

Sleeper Class

Si les wagons restent bondés, bruyants et d'une propreté incertaine, l'obligation de réserver assure de disposer d'une place assise et rembourrée pendant la journée et d'une couchette pour la nuit. Les compartiments sont ouverts et abritent chacun 6 couchettes principales et 2 additionnelles en bord de couloir. Si vous avez le malheur de réserver l'une de ces dernières, vous découvrirez en la dépliant qu'elles sont considérablement plus courtes que les autres. En journée, la couchette du bas et celle du milieu forment la banquette. Seule celle d'en haut reste accessible pour s'allonger.

3A, 2A et 1A

Ces trois classes permettent de bénéficier de la climatisation. Dans la *three tier air-conditioned class* (3A), les compartiments de

6 places sont également ouverts, mais la voiture est fermée à clef la nuit et sous la surveillance du contrôleur. Les passagers disposent d'un drap, d'une fine couverture de laine et d'un oreiller. Ils peuvent réserver des repas en prenant leur billet.

La classe 2A se distingue de la 3A par des compartiments ne comprenant que 4 places et des rideaux permettant de s'isoler la nuit.

Voyager en *first class air-conditioned* (1A) revient aussi cher que de prendre l'avion, mais chaque compartiment de 2 ou 4 couchettes possède une porte qui peut être verrouillée de l'intérieur.

Certains trains de jours possèdent des voitures climatisées de places assises *(AC chair cars)*. Confortables et relativement bon marché, elles concurrencent la deuxième classe de façon d'autant plus séduisante que les toilettes y sont souvent plus propres. L'unique point noir, c'est qu'en cas de panne de climatisation, vous êtes coincé dans un wagon dont les fenêtres ne s'ouvrent pas.

Après avoir réussi de haute lutte à atteindre le siège que vous avez réservé, ne vous étonnez pas de le trouver occupé. En général, les gens attendent que le chaos de l'embarquement s'apaise pour s'accaparer les places assignées. Si vous avez un problème avec une personne qui refuse de quitter votre place ou prétend avoir la même, attendez l'arrivée du contrôleur pour le résoudre. N'abandonnez pas vos bagages pour partir à sa recherche, à moins de les avoir cadenassés au siège. Prenez soin de prendre avec vous sac à main, passeport et argent liquide.

Réservés aux dames

Les trains de banlieue sont bondés aux heures de pointe. Pour les femmes, c'est souvent une expérience désagréable ou même humiliante. Pour leur offrir plus de sécurité, de nombreux trains abritent des *ladies' compartments*. Ils se trouvent souvent dans les premiers et derniers wagons. Il n'est pas toujours aisé de les dénicher, et parfois encore plus difficile d'y entrer, en particulier le matin. Il arrive aussi que des hommes s'y introduisent de force pour profiter de la place ou pour harceler, molester ou voler des passagères. Des *hijra* (voir page 45) s'y installent aussi parfois.

Delhi, Bombay (Mumbai), Calcutta (Kolkata) et Madras (Chennai) ont mis en place des trains entièrement réservés aux femmes, appelées *ladies' specials*. Bien éclairés, peints de couleurs vives, ils ont à leur bord 5 policières et 3 policiers. Si l'expérience s'avère une réussite, elle sera étendue.

En cas de harcèlement sexuel

- **N'espérez pas qu'une réprobation polie suffira à régler le problème et cherchez tout de suite de l'aide.**
- **Ne demandez pas de l'aide à un homme voyageant avec son épouse ou sa famille.**
- **Ne pensez pas avoir fait quoi que ce soit de mal.**
- **Prévenez immédiatement le personnel du train. Demandez à inscrire l'incident dans le registre des plaintes.**
- **Ne sombrez pas dans la paranoïa.**
- **Restez consciente des qualités de cœur de l'immense majorité des autres hommes. Ils vous traiteront avec respect et se porteront à votre secours sans arrière-pensée.**

Les réservations

Pour toutes les classes où elles sont possibles, les réservations peuvent être faites par Internet (risques d'incidents techniques), à la gare (prévoir de longues queues) ou en passant par une agence de voyages (moyennant une petite commission). Les femmes disposent généralement de leurs propres files d'attente.

Il n'est pas toujours aisé d'interpréter correctement les horaires, et les gares portent souvent des noms différents de ceux des villes. Les tarifs pour une même destination dépendent de l'itinéraire ou de l'heure de départ. Les omnibus sont très lents, car ils desservent toutes les gares, mais il faut réserver des semaines à l'avance pour obtenir une place assise dans les express, deux fois plus rapides. N'hésitez pas à demander de l'aide et des explications.

Comptoirs et quotas touristiques

Les gares les plus importantes possèdent un comptoir touristique *(Tourist Office)* climatisé et réservé aux étrangers munis d'un passeport. Vous pourrez y acheter vos billets à des personnes capables de répondre à vos questions. Vous serez peut-être obligé de payer en liquide. Vous pouvez, entre autres, le faire en euros. En roupies, il vous faudra sans doute présenter un certificat de change.

Il existe aussi des quotas touristiques qui offrent une chance de dénicher une couchette à la dernière minute ou en période d'affluence. S'il n'y a pas de comptoir touristique, demandez à parler au responsable de la gare, généralement le *station superintendent* ou le *station master.* S'il reste des places disponibles, il a le pouvoir de vous en attribuer sur les quotas touristiques, VIP ou d'urgence.

Un site pour vous aider

Pour connaître l'ensemble du réseau ferroviaire indien ainsi que les horaires des trains, consultez le site de l'Indian State Railways : http://www.indianrail.gov.in

Les RAC

Être inscrit en RAC *(reservation or cancellation)* revient à être mis sur liste d'attente pour une couchette (à ne pas confondre avec *wait listed*, qui signifie être en attente d'un RAC). Arrivez à la gare assez tôt pour avoir le temps de trouver la liste des passagers sur le tableau de réservation. Si votre nom y figure, vous avez une place, mais pas obligatoirement une couchette. Vous pouvez demander au responsable de la gare les disponibilités ouvertes par les quotas d'urgence ou VIP à partir d'une heure avant le départ.

Ne montez pas dans un train de nuit sans une réservation. Il n'y aura probablement pas de couchette ou de siège disponible.

Vous risquez en outre d'en être éjecté ou de vous de retrouver refoulé à côté des toilettes en bout de wagon. Vous n'y manquerez pas juste de confort, mais aussi de sécurité, en particulier si vous êtes une femme.

Un *coolie* pour vos bagages

Comme les compagnies aériennes, les chemins de fer indiens imposent une limite aux bagages que vous pouvez emporter gratuitement. Elle dépend de la classe où vous voyagez. Renseignez-vous en prenant votre billet. Les suppléments coûtent cher.

Dans toutes les gares, un *coolie* (porteur), reconnaissable à sa chemise rouge et à son badge, proposera ses services. Il commencera par demander un prix exorbitant. Si vous voulez qu'il dépose vos affaires dans le train et pas seulement sur le quai, précisez-le tout de suite. Après un peu de marchandage, il tentera peut-être de se saisir de vos bagages en disant que vous paierez ce que vous voulez. Ne le laissez pas faire avant d'avoir convenu d'un prix. Son aide justifie la dépense de quelques roupies.

Si vous disposez d'une chaîne et d'un cadenas, il attachera votre sac ou votre valise sous votre siège. Mieux vaut toujours prendre cette précaution pour un trajet de nuit. Le contrôleur viendra vous prévenir que vous approchez de votre destination. Vous pouvez aussi demander à d'autres passagers de vous alerter. Vous aurez ainsi le temps de détacher vos bagages, de rassembler vos affaires et de préparer votre billet. Dans la gare, des coolies viendront vous soulager de votre fardeau et vous aider à trouver un taxi.

Il est aussi possible de faire enregistrer ses bagages au départ. Ils voyagent dans un compartiment spécial et vous les récupérez à un comptoir de la gare de destination. Néanmoins, à moins d'en avoir trop pour les caser sous votre siège, les avantages de cette démarche compensent rarement ses inconvénients. Il vous faudra attendre pour récupérer vos biens… et peut-être verser un pot-de-vin.

Dans le train

Un trajet entre le Nord et le Sud prend au moins 3 jours. Ils seront bien employés si vous en profitez pour approfondir votre connaissance de la culture et de la langue, contempler les paysages ou simplement vivre une expérience très indienne.

Sauf dans les wagons climatisés ou réservés aux femmes, qui sont fermés ou gardés, les couloirs se rempliront à chaque gare de *chai-wala* et de vendeurs de snacks. Prévoyez des petites coupures et de la monnaie. Si vous voulez descendre pour acheter quelque chose, assurez-vous d'abord que le train s'arrête suffisamment longtemps.

La plupart des voyageurs apportent leur propre nourriture. Les détenteurs d'un billet avec trajet de nuit peuvent réserver des repas simples et végétariens. Vérifiez à la gare en prenant votre place ou adressez-vous au contrôleur une fois à bord. Peu après le départ, quelqu'un prendra votre commande pour le dîner, servi après 20 h ou 21 h, et pour le petit-déjeuner. Il n'y a pas de wagon-restaurant. Les plats vous sont apportés dans votre compartiment. Ne comptez pas veiller tard. Le repas terminé, tout le monde se sépare. Si vous ne saisissez pas l'allusion, on vous demandera poliment de vous lever pour permettre d'abaisser les couchettes.

Vous serez réveillé tôt par le *chai-wala* proposant du café ou du thé au lait. Les passagers défileront aux toilettes pour se laver et se brosser les dents avant de manger.

Utiliser les toilettes des trains laisse des souvenirs impérissables. S'accroupir au-dessus d'un trou avec vue sur les rails défilants incite à s'accrocher aux rampes, même si l'on s'interroge sur l'hygiène des dernières mains qui les ont serrées. Compenser les mouvements du train relève de l'exploit si c'est le premier contact avec cette forme de toilettes. Quant aux cabinets à l'occidentale, leur propreté est rarement irréprochable. L'interdiction d'utiliser les toilettes quand le train stationne dans une gare est loin d'être respectée.

Les efforts d'Indian Railways pour garder hors des trains quiconque n'est pas un passager ou un vendeur agréé n'ont qu'un succès mitigé. Des enfants ou des adultes balaient le sol des compartiments pour demander un « pourboire ». Des chanteurs se produisent dans les couloirs. Et des pickpockets et autres voleurs se livrent à des activités moins sympathiques. Gardez vos papiers et votre argent cachés sur vous en permanence. Si un nouvel arrivant paraît vous surveiller ou surveiller vos bagages, parlez-en aux passagers que vous connaissez et signalez la personne au contrôleur. La nuit, installez-vous pieds vers la fenêtre et gardez-en éloignés vos bijoux et vos petits sacs. Il est arrivé que des voleurs dérobent depuis le quai les boucles d'oreilles percées.

Mais malgré la cohue et les mesures de prudence à observer, ne vous repliez pas. Dans leur immense majorité, les Indiens sont respectueux, hospitaliers et serviables. Ils font d'intelligents et très agréables compagnons de voyage.

Les formalités

Un visa est requis pour entrer en Inde. Il en existe différents types selon le but du voyage, mais tous nécessitent d'avoir un passeport contenant trois pages vierges et ayant une validité s'étendant au moins 6 mois après la date d'expiration du visa. Attention, la période de validité du visa commence à la date d'émission et non à l'entrée dans le pays. Les visas touristiques ont une durée normale de 6 mois. Chaque visite doit être espacée d'au moins 2 mois. Tous les professionnels des métiers de l'audiovisuel, de la presse, de l'édition et de la communication sont tenus, même pour un séjour touristique, de demander un visa « journaliste » valable 3 mois. Les documents exigés pour l'obtention d'un visa d'affaires comprennent une lettre d'invitation émanant d'un partenaire indien. Mieux vaut toujours commencer par se renseigner auprès de l'ambassade (www.ambinde.fr).

Changer de l'argent

Pour limiter des opérations coûteuses en temps, vous aurez sans doute tout intérêt à changer une grosse somme à votre arrivée à l'aéroport. Les euros sont aisés à changer pratiquement partout, sauf dans des endroits très reculés ou mieux vaut être muni de monnaie locale. Les banques ouvrent de 10 h à 14 h du lundi au vendredi. N'oubliez pas votre passeport et munissez-vous de patience pour faire la queue. Fréquents dans les grandes villes, les distributeurs de billets permettent de retirer des roupies avec une carte bancaire. Gardez le reçu.

Tenez-vous à l'écart des changeurs à la sauvette, le jeu n'en vaut pas la chandelle. Non seulement c'est illégal, mais vous auriez toutes les chances d'être victime d'un tour de passe-passe ou de vous retrouver avec des billets périmés ou inutilisables.

Le choc de l'arrivée

Si c'est votre premier séjour, préparez-vous à un choc. La surcharge sensorielle provoquée par la foule, le bruit et les odeurs peut amener le plus expérimenté des voyageurs à douter de ses capacités et de son équilibre mental. C'est ce qu'on appelle le « syndrome de l'Inde », qui peut conduire à la folie le plus équilibré des visiteurs !

La cohue règne dans les aéroports et quand vous en sortez, la chaleur vous submerge comme une vague. Un essaim de chauffeurs de taxi se dispute votre clientèle. Des gamins dépenaillés vous tirent par la manche. Une odeur de pollution et d'urine alourdit l'air. Le niveau sonore est assourdissant. Et ce cocktail de sensations violentes rend toute réflexion plus difficile. Mieux vaut donc prendre au préalable certaines décisions sur la marche à suivre. Un peu de préparation allégera le stress à votre arrivée.

Mendicité : quelle attitude adopter ?

Des mendiants vont vous solliciter en permanence. Si vous venez pour un long séjour, vous aurez le temps de comprendre le système et de définir votre comportement à leur égard et envers la terrible misère dont le spectacle ne cessera de vous assaillir. Ne vous laissez pas déborder par vos émotions face aux yeux suppliants d'un enfant ou la main bandée d'un lépreux. Car ce ne seront sans doute pas eux qui profiteront de votre aumône tandis que vous aurez contribué à perpétuer le cycle de pauvreté qui fait toute leur vie. Si vous souhaitez apporter de l'aide aux millions de personnes réduites à la mendicité par leur naissance, la maladie ou la réduction en esclavage, il existe de nombreuses organisations efficaces, indiennes et étrangères, qui donneront à votre argent une utilité durable.

Un patrimoine très riche

L'Inde possède tant d'attraits culturels et naturels qu'il est impossible de leur rendre justice à tous. Voici quelques-uns des plus remarquables.

Dans le Nord, **Old Delhi** et **New Delhi** sont incontournables. **Agra** et sa périphérie recèlent des merveilles architecturales, dont le fort Rouge, le Taj Mahal et la cité royale de Fatehpur Sikri. **Bénarès** (Varanasi) compte parmi les plus vieilles villes du monde. Les pèlerins s'y rendent par millions chaque mois pour se purifier dans le Gange. Non loin, un pilier d'Ashoka se dresse à **Sarnath** près de l'emplacement du premier prêche de Bouddha.

Belle station d'altitude, **Nainital** offre une base d'où randonner en Himalaya, voguer sur le paisible lac Naini ou visiter l'ashram de Sri Aurobindo. Le parc national Jim Corbett s'étend non loin. **Khajuraho** abrite un ensemble exceptionnel de temples anciens réputé pour ses sculptures érotiques.

À **Calcutta** (Kolkata), à l'est du pays, le mouroir fondé par mère Teresa voisine avec le temple de Kalighat où des sacrifices animaux sont offerts à la déesse Kali. Entre **Siliguri** et **Darjeeling,** le train à vapeur du Darjeeling Himalayan Railway, surnommé Toy Train (« train jouet ») en raison de ses dimensions réduites, grimpe jusqu'à 2076 m d'altitude.

En **Assam**, le Kaziranga National Park, plus grande réserve mondiale de rhinocéros indiens unicornes, accueille la fête de l'Éléphant.

Dans le Sud, **Cochin** (Kochi) a conservé son charme colonial et la dernière communauté juive du pays. **Madurai** abrite le complexe du temple Minakshi Sundareshvara, impressionnant chef-d'œuvre de l'architecture hindoue du Sud. Au cap Comorin, pointe méridionale du sous-continent, **Kanniyakumari** s'étend entre golfe du Bengale, mer d'Oman et océan Indien.

Jaipur, la « ville rose », à l'Ouest, renferme Nahargarh, le fort du Tigre. **Goa** doit sa réputation à ses plages, mais n'y manquez pas les sanctuaires animaliers et les chutes de Dudhsagar (« mer de lait »).

Des sites marqués par la spiritualité

La spiritualité imprègne toute la vie en Inde. Des célébrations religieuses ont lieu presque tous les jours et le pays regorge de sites et de villes sacrées. Les annales couvrent une période de près de 5000 ans. Partout, le passé et le mythe se mêlent à la réalité du présent.

Les villes de Delhi et Agra offrent une magnifique introduction à l'histoire et à l'architecture mogholes. Les forts n'impressionnent pas que par leur puissance. Le Taj Mahal est un chef-d'œuvre qui attire, à juste titre, les foules. Les destinations célèbres pour leurs temples et leur histoire spirituelle comme Bénarès, Sarnath, Bodhgaya, Haridwar, Amritsar et Madurai exercent aussi un grand attrait sur les touristes indiens comme étrangers.

Garder les yeux ouverts permet de remarquer les petits monuments religieux inscrits dans le quotidien. Peut-être repérerez-vous ces sanctuaires en traversant un pont dans le Sud, au pied d'un arbre dans le Nord ou au sommet d'une colline en région montagneuse. Distingués par une grande pierre lisse ou une statue parée de guirlandes ou de pétales de soucis, et marqués d'empreintes de doigts rouges ou cernés de minuscules lampes à huile, ces sites sacrés sont les demeures de dieux, de déesses, de saints ou d'esprits considérés comme des déités locales. Souvent, ils sont attenants aux temples de divinités plus universelles. Les gens viennent y faire des offrandes de friandises et de fleurs dans l'espoir d'une protection ou d'une bénédiction.

Avant d'entrer dans un bâtiment religieux, ôtez vos chaussures et, si vous êtes une femme, couvrez votre tête. Homme ou femme, si vous portez un short ou un haut à manches courtes, remettez votre visite à un jour où vous aurez des vêtements plus appropriés. Certains temples et mosquées réservent l'accès aux pratiquants. Si vous n'êtes pas hindou ou musulman, renseignez-vous avant d'entrer.

La vie culturelle

Les arts participent de la vie des Indiens. L'incroyable diversité et la beauté du pays s'expriment dans la qualité de son artisanat, ses architectures métissées et ses formes classiques de peinture, de musique et de danse. Les créations des artistes, musiciens, cinéastes et stylistes contemporains s'en font aussi l'écho.

La musique

Depuis des millénaires, la musique compte parmi les grands vecteurs qui ont permis à l'intensité, la passion, la dévotion et la poésie des Indiens de rayonner. L'expérience peut subjuguer l'auditeur comme le musicien. Les délicates trames sonores, les riches couleurs, l'élégance des danses, les applaudissements de la foule et les volutes de fumée d'encens sollicitent tous les sens. Pour un étranger, apprécier les subtilités de la musique classique indienne risque d'exiger un ajustement de l'esprit et du cœur. Mais comme nous allons le voir, c'est l'objectif de cette musique.

Toutes les compositions classiques et beaucoup de contemporaines ont pour fondation tonale le *raag* (hindi) ou le *ragam* (tamoul), mots qui signifient « couleur » ou « passion ». Un *raag* est une série de 5 à 7 notes utilisées pour former une mélodie. Contrairement à celle d'Occident, la musique classique indienne n'a pas de référence absolue. Le musicien choisit une note dont toutes les autres découlent. Le *tal*, le rythme, est le deuxième élément indispensable. C'est un instrument à cordes appelé *tanpura* qui fournit en général le troisième élément : le « bourdon ». Le bourdon renforce la cohérence du morceau. Des notes en résonance créent des harmoniques qui courent comme un fil à travers toute l'œuvre.

Le *raag* et le *tal* donnent leur fondement commun aux deux écoles de la musique classique indienne. Maîtriser les subtilités du *sangeet* (littéralement : « chanter avec accompagnement musical ») exige une vie entière de travail et l'enseignement d'un gourou. Des influences perses et musulmanes marquent distinctement le *sangeet* hindoustani du Nord. Ses instruments de prédilection, le sitar et les tablas, sont les plus connus à l'étranger. Le *sangeet* carnatique du Sud privilégie les voix accompagnées par des instruments à cordes et à vent comme le violon et la *veena* (une sorte de flûte).

L'improvisation est au cœur de la musique classique indienne. Il faut un long apprentissage, beaucoup de discipline et la confiance d'un maître pour arriver à en maîtriser les arcanes. Mais il n'existe rien de comparable à la beauté, la complicité rivale et la pure joie exprimées lors d'une joute entre des joueurs de sitar ou des vocalistes qui se défient mutuellement d'imiter des constructions spontanées d'une sidérante complexité.

Une grande part de cette musique a été écrite pour exprimer une dévotion religieuse. Les *bhajan* sont des chants simples très répandus et interprétés, entre autres, lors de célébrations religieuses. Le *kirtan* est un *bhajan* où l'auditoire répond au soliste.

Les *ghazal* d'origine perse peuvent avoir une dimension spirituelle, mais ce sont le plus souvent des récitations romantiques mises en musique. Ghalib, le plus célèbre des auteurs de *ghazal,* commença à composer à l'âge de 10 ans et devint le poète de cours du dernier des empereurs moghols de Delhi.

La « chanson de film » *(filmi sangeet)* représente 72 % des ventes en Inde. Souvent, les morceaux ne sont jamais passés au cinéma, mais le genre est si populaire qu'il est devenu un style à part entière.

Les danses folkloriques se comptent par centaines en Inde. Beaucoup restent un élément essentiel des temps forts de la vie des communautés villageoises. Des costumes colorés et des parures et bijoux traditionnels ajoutent à l'éclat de ces modes d'expression locaux ou tribaux.

L'Indipop apparue à la fin des années 1970 n'a jamais cessé d'évoluer. Elle butine dans les répertoires classiques et folkloriques, revisite les grands titres de la musique de film et vient d'ajouter le hip-hop aux ingrédients qui lui donnent une saveur unique.

La danse

Danse et musique vont souvent ensemble. Il existe 8 formes de danse régionales reconnues comme « classiques. »

Des courtisanes de l'entourage des princes interprétaient à l'origine le *kathak* (« qui raconte une histoire »). Il s'est développé dans le Nord pendant la période moghole. Le *kathakali* du Kerala, un théâtre dansé très ritualisé, illustre des épisodes du Ramayana et du Mahabharata. Le *manipuri* (Manipur) met en scène la vie du seigneur Vishnou. Le *sittriya* (Assam) date du XVe siècle et rend également hommage à Vishnou. Le *mohiniaattam* (Kerala) est la danse de son avatar féminin, Mohini. Le *sit-*

triya kuchipudi (Andhra Pradesh) inspiré de la mythologie hindoue se distingue par la fluidité de ses mouvements. L'*odissi* (Orissa) et le *bharatanatyam* sont les deux seules formes classiques considérées comme des « danses de temple ». Elles avaient à l'origine pour interprètes des *devadasi*. Ces jeunes filles données par leurs familles en « mariage » à un dieu servaient les prêtres et distrayaient l'élite.

Le cinéma

1 000 longs-métrages sont tournés chaque année en Inde, soit plus qu'aux États-Unis. Les productions de Bollywood, à Bombay, n'en représentent qu'une partie. Avec un tel volume, rien d'étonnant à ce que les films suivent souvent une formule standard : le garçon aime la fille de loin, le garçon rencontre la fille, la tragédie frappe et, soit l'amour triomphe de tout, soit tout le monde vit malheureux à jamais. Bien entendu, il y a toujours des chants et des danses, parfois aux moments les plus inattendus. Ce sont eux qui rendront une projection distrayante, surtout pour les visiteurs étrangers qui ne comprennent pas ce que disent les acteurs.

Cet afflux de films aux qualités très variables cache cependant quelques pépites. Le cinéma en hindi, en tamoul, en bengali, en kannada, en malaya, en marathi et en télougou continue de produire des œuvres acclamées par la critique. Le réalisateur bengali Satyajit Ray a ainsi obtenu un Oscar d'honneur en 1992 pour l'ensemble de sa carrière.

Parmi les nombreuses productions qui ne reposent pas sur un scénario original, certains s'inspirent de classiques du cinéma ou de la littérature occidentaux, tel *Coup de foudre à Bollywood* (2004), une adaptation distrayante du roman *Orgueil et Préjugés* de Jane Austen. Ils ont contribué à rendre la culture indienne accessible au reste du monde et commencent à influencer la culture populaire occidentale. D'ailleurs, le grand succès de *Slumdog Millionaire* (2008), œuvre du Britannique Danny Boyle, emprunte beaucoup au cinéma de Bollywood avec un scénario qui fait la part belle à l'amour, au crime et à la gloire, ses couleurs saturées, et jusqu'à sa bande-son, signée A.R. Rahman, compositeur à succès des studios de Bombay.

En Inde, les salles de projection comme les spectateurs qui les fréquentent ont changé au cours de ces dernières années. Les films évoluent en conséquence, et les complexes multisalles se sont multipliés. Plus de 350 millions d'Indiens parlent l'anglais en plus d'une ou plusieurs langues nationales. Enfin, la télévision par satellite et Internet ont ouvert la porte à d'autres formes de spectacles audiovisuels.

L'augmentation du revenu et l'allongement du temps de loisirs dont bénéficie la classe moyenne représentent une aubaine pour l'industrie cinématographique. Des lieux jadis fréquentés une fois par mois par des bandes de jeunes garçons sont devenus les cadres respectables de sorties familiales hebdomadaires.

La fin du XXe siècle s'est accompagnée d'un déclin prononcé des mises en scène à gros budget. Ayant moins de facilités à financer les séquences chantées et dansées, les producteurs ont cherché une solution. Et ils l'ont trouvée en jouant les cartes de la langue anglaise et de l'exportation.

Le premier film indien réalisé en anglais date de 1931 et de l'avènement du parlant. Les années 1980 et 1990 ont vu le tournage de nombreux longs-métrages en anglais, mais les thèmes restaient le *masala* typique de Bollywood. Aujourd'hui, ce sont souvent des NRI *(Non Resident Indians)* qui produisent et réalisent les films en anglais ou en « hinglish ». Ils les nourrissent de leur propre expérience : les conflits avec les aînés, les luttes sociales et les questionnements identitaires de jeunes Indiens emportés par un bouleversement culturel de grande ampleur. *Le Mariage des moussons* (2001) et *Via Darjeeling* (2008) offrent de bons exemples de ces œuvres mettant en lumière les nouvelles réalités d'une génération entrant dans l'âge adulte.

Si l'occasion se présente d'aller au cinéma pendant votre séjour, préparez-vous à une expérience collective. Parler d'un bout à l'autre du film, recevoir des coups de téléphone, acclamer le héros ou chanter avec les acteurs n'a rien de déplacé et c'est d'ailleurs monnaie courante. Alors laissez-vous porter et amusez-vous. Vous découvrirez ainsi un autre visage de l'Inde.

Le système de classification comprend trois grandes catégories : U, tout public ; U/A, surveillance parentale jusqu'à 12 ans ; A, interdit aux moins de 18 ans. Un S signale des productions destinées à un public spécialisé, les médecins par exemple. La mention « *no rating* » signifie que le film a été interdit à la diffusion en salle. Sexe, violence et subversion politique ne résistent d'ailleurs pas aux ciseaux du Central Board of Film Certification.

Les boutiques indiennes, en Inde comme à l'étranger, proposent un large choix de DVD pour la plupart piratés. 80 millions de copies illégales sont vendues chaque année. Le plus souvent, le mauvais grain des illustrations sur la jaquette permet de les identifier. Si la contrefaçon vous échappe au moment de l'acquisition, le manque de qualité du son et de l'image vous ouvrira les yeux au visionnage. Il existe des lois contre le piratage, et ceux qui les enfreignent risquent jusqu'à trois ans de prison et une amende de 200 000 roupies. En pratique, la plupart des contrevenants ne paient qu'une petite amende et retournent à leur activité.

La littérature

Les épopées et autres récits fondateurs en sanskrit se transmettaient à l'origine oralement. En dehors de toute considération religieuse, ce sont des œuvres littéraires fascinantes. La poésie ancienne reste connue et récitée. Ses fleurons comprennent le *Gitagovinda (Chant du bouvier)*, écrit au XIIe siècle, et les compositions de Tulsi-Das et Kabir, qui remontent au XIVe siècle.

Bien que le sanskrit apparaisse comme la principale langue littéraire de l'Inde, des œuvres classiques ont été écrites dans toutes les autres. Le tamoul est d'ailleurs plus ancien, puisqu'il remonte au Ier siècle. Gandhi écrivit en gujarati son autobiographie parue en 1921 : *Mes expériences de vérité.* C'était en bengali que s'exprimait Rabindranath Tagore qui reçut le prix Nobel de littérature en 1913.

Après l'indépendance, l'anglais est aussi devenu un médium reconnu de la littérature classique indienne. Parmi les auteurs traduits en français, R. K. Narayan (1906-2001) retrace sa vie dans *Mes jours : mémoires d'un Indien du Sud*, Salman Rushdie acquit une notoriété mondiale avec *Les Versets sataniques* (1988) et Arundhati Roy obtint le Booker Prize pour *Le Dieu des petits riens* (1997). Anita Desai se distingue par la puissance et la profondeur de ses personnages féminins.

Faire des achats

Bien qu'il existe des centres commerciaux dans les grandes villes, les petits commerces traditionnels restent les lieux privilégiés où s'approvisionner. Et ils restent regroupés par métiers : marché aux épices ou au poisson, allée des orfèvres, rue du plastique ou quartier de la ferblanterie.

Pour vos souvenirs et cadeaux, vous jouirez d'un choix immense. Chaque région a ses spécialités. Les artisans du Rajasthan excellent dans les tentures murales parées de fragments de miroir, les marionnettes en papier mâché, les mules à pointe recourbée, les bijoux et le mobilier. Le Cachemire est réputé pour les écharpes et les vêtements brodés, le Karnataka pour les savons au santal, l'encens et les sculptures. Les soieries de Bénarès (Varanasi) et Madras (Chennai) méritent leur renommée. Tissus artisanaux, instruments de musique, thés et épices comptent aussi parmi les articles que vous pourriez avoir envie de rapporter. Si vous n'avez pas l'occasion ou le temps de les acheter sur place, vous trouverez tout ce que vous cherchez dans les *emporia* (magasins d'État) de Delhi.

Les jours et les horaires de fermeture varient en fonction de la religion du propriétaire, des fêtes célébrées et des circonstances familiales. Certains commerces ferment le lundi, d'autres le vendredi ou le dimanche.

Le shopping à l'indienne

Pour une femme, la première préoccupation consistera peut-être à trouver un tailleur qui maîtrise le dernier cri de la mode en matière de *shalwar-kameez* (voir page 50). Elle pourra choisir entre différentes coupes, couleurs ou motifs pour faire réaliser sur mesure sa tenue en coton, en « *terry cot* » (mélange de coton et de polyester) ou en soie. Il existe aussi du prêt-à-porter.

La « soie » indienne se révèle souvent synthétique. Avant d'acheter, demandez au vendeur de tirer un fil du bord du tissu et présentez-le à la flamme d'un briquet. Si la cendre est noire et dégage une odeur de poil grillé, c'est de la vraie soie. Si elle est crayeuse et sent le papier brûlé, c'est de la viscose. Le polyester fond en gouttelettes. Et si le commerçant cherche à se dérober à l'expérience, tirez-en les conclusions qui s'imposent !

Au cours de votre shopping, vous risquez de vous trouver confronté à la réticence des Indiens à dire « non ». Pour un marchand, dire « non » revient à perdre sa réputation et à détériorer la relation établie avec vous en tant que client. Souvent, il se dérobera en espérant que vous comprendrez tout seul qu'il n'a pas ce que vous demandez. Par exemple, il essaiera de vous vendre autre chose ou vous invitera à « revenir demain » (mais l'article ne sera pas davantage disponible). Il est de votre devoir de client de saisir le message. Si vous avez de la chance, on vous fera patienter quelques minutes et votre interlocuteur réapparaîtra avec l'objet de votre désir qu'il sera allé dénicher chez un concurrent.

Marchander

Le marchandage est la norme dans les boutiques privées. Une visite préalable de quelques autres magasins, entre autres d'État, aide à se forger une idée des prix. Ne vous lancez pas si vous n'avez pas vraiment l'intention d'acheter. Et malgré tous vos talents d'éloquence, n'espérez pas obtenir une aussi bonne affaire qu'un enfant du pays. Emmener un ami indien pour qu'il négocie à votre place vous fera faire une économie et vous fournira un exemple à suivre.

Quand vous avez repéré ce qui vous plaît, ne laissez pas trop paraître votre intérêt. Demandez combien l'objet coûte, puis « Est-ce votre meilleur prix ? » Le commerçant suggérera un montant inférieur. Vous pouvez alors vous exclamer : « Oh, c'est trop ! » Il répondra probablement : « Combien voulez-vous mettre ? » Proposez alors la moitié ou le tiers du prix original en sachant qu'il vous faudra monter. S'il refuse, dirigez-vous vers la sortie. Il vous rattrapera sans doute en baissant un peu, vous monterez un peu, et ainsi de suite jusqu'à atteindre une somme acceptable pour les deux parties. Si vous coupez court, vous perdez votre acquis. Si vous revenez, il exigera le plein tarif. En certaines occasions, notamment pour des achats groupés, l'acquéreur arrive à descendre en dessous de la moitié du prix de départ. Être le premier client, considéré comme de bon augure, met aussi en position de force. Mais tenter d'en abuser en proposant une somme ridicule ne suscitera que du ressentiment. Restez dans la légèreté et le plaisir. Et n'oubliez pas que votre interlocuteur s'efforce de gagner sa vie.

chapitre 8

Santé et sécurité

La santé en Inde

Malgré les efforts déployés par le gouvernement et les ONG, les progrès économiques et technologiques de ces dernières années et la popularité de la médecine comme profession, l'Inde compte toujours parmi les pays les plus touchés par la malnutrition enfantine, le diabète, la typhoïde, la tuberculose et le sida. Des maladies disparues ailleurs comme la poliomyélite continuent d'y sévir.

Il semble impossible aux infrastructures de suivre le rythme de croissance de la population, et dans sa majeure partie, elle n'a pas accès à des soins de qualité. Le manque d'eau potable, la pollution atmosphérique et les carences dans la gestion des déchets causent près de 1 million de morts chaque année. Le faible taux de vaccination des enfants, la multiplication des déplacements et la prescription excessive d'antibiotiques contribuent à la propagation de maladies infectieuses.

L'Inde possède pourtant d'excellents hôpitaux et des médecins hautement qualifiés. Mais ils ne sont pas en nombre suffisant pour éviter les surcharges de travail ou l'utilisation de matériel périmé. Des établissements destinés à une population locale reçoivent des patients venus de lointains villages ou d'États moins bien dotés. Des salaires insuffisants, des locaux mal entretenus, des carrières bouchées et la corruption découragent les bons docteurs et les bonnes infirmières de pratiquer en zone rurale et ont conduit nombre des meilleurs chirurgiens à s'expatrier.

Même quand les structures médicales existent, la misère et les préjugés limitent la volonté d'aller consulter. Beaucoup de gens se reposent sur des idées reçues et des remèdes de grand-mère en ce qui concerne l'équilibre nutritionnel ou le traitement de la diarrhée. Seuls 10 % de la population bénéficient d'une assurance santé. Comme une ordonnance n'est pas nécessaire pour acheter des médicament, les pauvres se contentent souvent d'un autodiagnostic ou de l'avis de leur pharmacien.

Les médecines traditionnelles

Pour la plupart, les Indiens se fient pour leurs besoins les plus immédiats à l'*ayurveda*, la « science de la vie », aux fondements posés dans les écrits sacrés du *Veda*. Ils définissent la santé comme un équilibre entre les trois énergies corporelles – ou *dosha* (« qui se détériore ») – de l'air, du feu et de l'eau. Les moyens d'entretenir ou de rétablir cet équilibre comprennent le choix d'aliments appropriés, une bonne digestion, l'exercice physique, le yoga et la méditation.

Populaire chez les Tamouls, la médecine siddha se rapproche de l'*ayurveda*. Le dieu Shiva aurait transmis à ses disciples (*siddhar,* « ceux aux pouvoirs extraordinaires ») les règles du bon équilibre des trois énergies. Elles reposent sur des restrictions alimentaires, le yoga, la méditation et des remèdes à base de plantes, minéraux, métaux et produits chimiques.

L'assainissement

Les problèmes d'assainissement se voient – et se respirent – partout. Le traitement des déchets et des matières fécales laisse plus qu'à désirer. Souvent, la gestion des ordures est abandonnée à des vaches, des chèvres et des buffles errants qui s'en nourrissent. Des porcs fouillent les ruelles en quête d'excréments.

Les toilettes publiques font souvent défaut. Dans les grandes villes, mieux vaut se fier aux hôtels et aux restaurants. Et repérer les endroits propres quand on en trouve.

Eau et aliments

Beaucoup de parasites et de maladies, dont l'hépatite virale et la typhoïde (très répandue), s'attrapent en buvant de l'eau souillée. Évitez absolument l'eau du robinet et les glaçons. En achetant de l'eau en bouteille ou des sodas, assurez-vous que la capsule est intacte. Il arrive souvent que des commerçants ou des *dhabbah-wala* réutilisent des consignes en les remplissant d'eau du robinet ou de boisson faite maison. Les jus de fruits peuvent aussi contenir de l'eau non stérilisée. Demandez avant de commander, où renoncez-y par précaution. Servez-vous aussi d'eau en bouteille pour vous brosser les dents.

L'eau n'est pas uniquement un vecteur par ingestion. Entre autres dégâts, les crues de mousson font déborder les égouts. Il est souvent préférable de ne pas se baigner pendant cette période. Si vous vous retrouvez obligé de marcher dans des rues inondées, lavez-vous ou séchez-vous aussitôt que possible. Les flaques d'eau stagnante favorisent la reproduction des moustiques porteurs du paludisme et de la dengue. L'humidité entretient aussi la croissance de moisissures sur les murs des maisons et édifices publics. Les personnes souffrant d'asthme doivent se montrer particulièrement prudentes.

La viande n'est pas toujours de la plus grande fraîcheur dans les restaurants et il vaut mieux porter son choix sur les plats végétariens cuits, surtout dans les petites échoppes et dans les gargotes des gares ferroviaires et des gares routières.

Le problème le plus fréquent rencontré par les visiteurs est la diarrhée, appelée *loose motion* (« mouvement lâche ») par les Indiens. Si vous en souffrez, buvez beaucoup d'eau ou de lait de noix de coco. Une spécialité locale sucrée ou salée, dont le soda au citron vert, aide à combattre la déshydratation. Le yaourt et le *kichirdi* (riz cuit avec des lentilles) peuvent aussi contribuer à vous soulager. Un pharmacien saura vous conseiller un traitement. Consultez un médecin si le mal persiste.

La chaleur

La chaleur affecte de plus d'une manière. Elle peut en particulier provoquer de la fatigue ou des crampes. Pour les prévenir, buvez de l'eau en quantité et, aux heures les plus chaudes, restez à l'intérieur et évitez les efforts. Le coup de chaleur, qui peut s'avérer mortel, a pour symptômes une fièvre élevée, une peau sèche et brûlante, de la désorientation et parfois des hallucinations et une perte de conscience. Il frappe surtout les enfants et requiert des soins médicaux immédiats.

Avant le départ

Si possible, consultez votre médecin au moins 6 mois à l'avance pour connaître les vaccinations et les précautions qu'il vous recommande. Vous aurez peut-être besoin d'injections espacées dans le temps. Contractez une assurance voyage couvrant les frais d'un éventuel rapatriement. Mieux vaut pouvoir disposer d'un contact en Inde. Vous trouverez les dernières informations sur les épidémies en cours et des conseils de prévention sur le site Internet de l'Organisation mondiale de la Santé (http://www.who.int/fr).

Le sida

Les étrangers qui demandent des visas pour des séjours de longue durée doivent se soumettre à un test de dépistage du sida. Mais le mal a déjà franchi les frontières. Il ne touchait jadis que des populations à risque : homosexuels, prostituées, toxicomanes, chauffeurs de camion et autres travailleurs migrants. Tous les niveaux de la société sont aujourd'hui atteints. 39 % des cas diagnostiqués concernent des femmes, la plupart ayant été infectées par leur mari.

Le gouvernement a beaucoup investi dans l'information et la prévention. Mais l'opprobre attaché non seulement à la maladie, mais aussi à la conduite qu'on lui associe, rend les gens peu enclins à se faire tester. Le personnel médical tarde à prendre pleinement conscience des dangers. Les injections avec des aiguilles réutilisées et les transfusions de sang contaminé comptent toujours parmi les principaux facteurs de propagation.

La sécurité

La délinquance

Des pickpockets opèrent à l'intérieur et aux alentours des sites touristiques, ainsi que dans les transports publics. Gardez carte bancaire, documents d'identité et argent cachés sur votre personne. Et transportez appareil photo, caméscope et autres objets de valeur dans un sac difficile à ouvrir ou à vous arracher. Les bijoux de prix seront plus en sécurité à la maison qu'en Inde. Utilisez le coffre de l'hôtel, s'il y en a un, mais ne laissez rien de précieux dans votre chambre.

Escrocs et fraudeurs cherchent à profiter de la bonne volonté des étrangers, ainsi que de leur manque de points de repère culturels et de leur ignorance des arnaques couramment pratiquées. Ne remettez jamais votre passeport à un inconnu dans la rue, même si sa tenue lui donne une apparence très officielle. Ne tournez pas le dos à vos affaires si elles ne sont pas enchaînées. Conservez des photocopies de votre passeport (première et dernière pages, et visa). Vous aurez peut-être besoin de photos d'identité pour certaines formalités.

Recommandations aux femmes

Même si vous vous montrez simplement amicale, tout contact oculaire ou physique, et toute conversation ouverte, peuvent être interprétés comme une invite. Si vous voyagez seule, liez connaissance avec une autre femme ou une famille proche de vous dans le train ou le bus. Portez toujours une tenue couvrant les jambes, les bras et le haut de la poitrine.

Il peut arriver qu'un Indien vous demande l'autorisation de poser à côté de vous pendant qu'un ami vous prend en photo. Il s'appuiera sur ce cliché pour se glorifier de « sa nouvelle petite amie étrangère » ou de sa dernière conquête sexuelle. Si vous ne voulez pas devenir un objet de fantasmes, refusez courtoisement. N'étant pas habituée à ce genre de comportement, de telles contraintes risquent de vous irriter. Mais défier le système en refusant de se conformer au modèle culturel ne changera pas ces hommes, ni cet aspect négatif de l'Inde.

Les agressions sexuelles de femmes voyageant seules sont en augmentation. Ne perdez jamais de vue le contexte et prenez des précautions de bon sens. La première consiste à vous entourer d'une compagnie plus sûre (femmes, familles…).

Lors des visites de sites

Les sites les plus célèbres attirent chaque année des millions de personnes. Au milieu des Indiens en vacances ou en pèlerinage, les touristes étrangers ne passent jamais inaperçus et constituent des cibles privilégiées pour les mendiants et les petits délinquants.

Les brochures de nombreux sites historiques fournissent des informations sur les visites disponibles et leurs prix. Si un « guide » vous accoste, qu'il porte un badge ne garantit pas qu'il soit réellement habilité. Ne donnez jamais d'argent d'avance et ne laissez personne porter vos affaires, vous entraîner dans une boutique de souvenirs, vous inciter à partir ailleurs en taxi ou vous convaincre de payer davantage que ce qui avait été prévu. Les enfants sales et souriants qui viennent échanger quelques mots en anglais veulent en fait quelques roupies. Si vous êtes bousculé dans la rue, c'est probablement par un pickpocket, car les Indiens évitent les contacts physiques autant qu'ils le peuvent.

Les violences liées à des troubles politiques

Les attentats terroristes et les enlèvements visant parfois des Occidentaux font la une des journaux. Les troubles qui règnent au Cachemire et à la frontière avec le Pakistan rendent ces régions dangereuses pour les visiteurs. Des tensions perdurent entre castes ou groupes religieux. Le ministère des Affaires étrangères français tient régulièrement à jour des conseils aux voyageurs sur son site Internet : www.diplomatie.gouv.fr

Les zones d'accès limité

Le gouvernement exige des étrangers comme des Indiens une autorisation spéciale pour se rendre dans certaines parties du pays, dont les îles Andaman et Nicobar, l'archipel des Laquedives, plusieurs États du Nord-Est et certaines régions frontalières.

Attention, émeute !

Dans vos pérégrinations, vous pouvez tomber sur un meeting politique. Et il peut tourner à la manifestation ou à l'émeute. La température grimpe facilement entre partisans et opposants, et il n'est pas toujours aisé pour un étranger de juger quand un rassemblement paisible va se transformer en trouble de l'ordre public imposant l'intervention de la police. La démarche la plus sûre, si vous tenez à suivre ce qui se passe, consiste à l'observer depuis un toit. Il reste néanmoins plus prudent de s'en aller au plus vite. Si vous vous trouvez dans la rue alors que l'agitation a commencé, ou que les gardiens de l'ordre ont sorti leurs *lathi* (matraques), cherchez refuge dans la boutique la plus proche.

chapitre 9

En voyage d'affaires

Jadis considérée comme un triste symbole de la pauvreté du tiers-monde ou une destination exotique pour touristes aventureux, l'Inde s'est imposée comme un des grands pôles technologiques mondiaux. Les réformes des vingt dernières années ont facilité les investissements étrangers, réduit les frais de douane, ouvert le secteur financier et dérégulé l'industrie. L'Inde crée aujourd'hui de la richesse et des emplois, ouvre de nouveaux marchés et fournit des talents essentiels à l'économie planétaire.

Le sens des affaires de ses habitants n'est pas une découverte. En 2000, selon une étude de la Banque mondiale, 1 million de personnes d'origine indienne vivaient dans les trente pays les plus riches du monde. La fuite des cerveaux comptait parmi les maux dont souffrait le pays. Beaucoup de diplômés partaient à l'étranger pour parfaire leurs études ou bénéficier d'un meilleur niveau de vie. En 2006, les immigrants nés en Inde représentaient la quatrième diaspora la plus nombreuse des États-Unis. Et leur nombre augmentait rapidement.

Il n'en va plus ainsi aujourd'hui, car beaucoup d'Indiens rentrent dans leur pays. Et les causes de ces retours ne diffèrent pas de celles qui avaient motivé les départs : la recherche d'opportunités de carrière plus ouvertes et d'une meilleure qualité de vie. S'y ajoute le désir de renouer avec la famille et les amis. De récentes initiatives gouvernementales en faveur des personnes d'origine indienne nées et ayant grandi à l'étranger, ou ayant renoncé à la nationalité, facilitent leurs démarches pour investir, créer une société ou obtenir un visa permanent. Ce retour en nombre de jeunes gens compétents et très instruits incite les entreprises américaines et européennes à transférer leurs centres de recherche et développement en Inde. Elles sont nombreuses à sous-traiter des services technologiques et à implanter des départements entiers pour conserver ce savoir-faire et cette expérience. Elles tirent aussi parti du faible coût de la main-d'œuvre.

Ces professionnels qui ont passé des années en Occident en comprennent les pratiques commerciales et les valeurs culturelles. Cela rend les relations d'affaires plus faciles. Mais les modes d'organisation, les politiques des instances publiques comme des entreprises privées, et des préjugés moraux le plus souvent tacites, restent sources de tensions. Leur gestion impose de l'adresse dans les échanges culturels, de la finesse dans les rapports humains et un surcroît de temps et d'argent.

La culture des affaires

La hiérarchie

Les organigrammes des entreprises indiennes peuvent sembler familiers, mais ils ne révèlent pas les véritables structures d'autorité – basées entre autres sur la famille et la caste– qui se superposent à la hiérarchie apparente.

Le PDG et toute personne investie d'un titre reconnu recevra les égards dus à son rang, quels que soient sa caste, son sexe ou la couleur de sa peau. Les cadres sont respectés et obéis. Émettre des doutes, apporter la contradiction et dire « non » ne comptent pas parmi les comportements admis des subalternes. Ceux-ci dépensent une énergie considérable à répondre aux désirs de leur patron. Un Indien accorde une grande importance au fait de se montrer agréable avec ses supérieurs. Au sein d'une hiérarchie, situation et bien-être dépendent de ce que ceux au-dessus se portent bien et de ce que ceux en dessous soient sous contrôle. Les

Les erreurs à éviter

Faute de bien maîtriser le code de bonne conduite du monde des affaires, beaucoup d'étrangers commettent des erreurs préjudiciables à la bonne suite de leurs projets. Voici les plus courantes :

- **Traiter tout le monde en égal, appeler les gens par leur prénom, faire la bise.**
- **Avancer une opinion contradictoire, aborder publiquement des problèmes ou des conflits pour tenter de les résoudre, lancer une discussion ne pouvant aboutir qu'à l'exposition d'une faiblesse.**
- **Croire que tout le monde comprend votre anglais, croire que l'on reçoit toutes les informations.**
- **Demander à ce que des décisions soient prises pendant une réunion, ne pas prévoir dans les délais d'un projet les tonnes de paperasseries qui seront nécessaires.**
- **Utiliser la main gauche pour remettre ou recevoir de l'argent ou des documents importants.**

employés font tout leur possible pour respecter les délais et éviter de commettre, ou de révéler, des erreurs.

Les Indiens apprennent dès l'enfance, et souvent dans la douleur, qu'ils n'ont pas droit à l'erreur. Quand ils en commettent une, elle doit rester ignorée si possible, être dissimulée si nécessaire et réparée à tout prix avant de devenir publique. Dans cette culture basée sur la honte, même les bévues les plus infimes ont des conséquences affectives et relationnelles. Tous les moyens sont bons pour minimiser les échecs, des excuses les plus tirées par les cheveux jusqu'aux mensonges flagrants.

Les réseaux

Quand un jeune diplômé cherche un emploi ou quand un entrepreneur fonde une entreprise, il a déjà ses réseaux. La famille et la caste ou la communauté l'ont soutenu et dirigé depuis la naissance et continueront à le faire tout au long de sa carrière. Souvent, des parents travaillent en association. Une société peut avoir un personnel issu presque entièrement d'une seule caste. Il ne s'agit pas tant de discrimination que de la mise en œuvre du système de solidarité établi.

C'est aussi une garantie. Des actifs financiers, des savoir-faire et même des secrets restent ainsi dans la famille ou la communauté. Dans ces environnements homogènes, les rôles sont clairement établis et les relations sont prévisibles, car elles découlent de son rang de naissance. Revers de la médaille, des rancœurs et des luttes de pouvoir au sein de la collectivité peuvent entraver la communication et nuire à la productivité. Une personne extérieure percevra éventuellement ces tensions, mais elle n'aura pas les éléments pour les déchiffrer.

Un autre rapport au temps

Il ne faut pas prendre pour de la paresse, de la négligence, de la naïveté ou de l'incompétence la décontraction des Indiens vis-à-vis des horaires ou le temps qu'ils exigent en relations personnelles si l'on veut obtenir des résultats. Même si dans une réunion, les digressions vous donnent l'impression de participer à un gaspillage de salive plutôt qu'à une séance de travail, celui-ci avance. Si vous tentez de mener la discussion en ligne droite, elle se figera ou, plus probablement, vous monologuerez pendant que tout monde suivra un autre chemin. Vous devez consacrer du temps à établir des liens avec ceux qui paraissent détenir le pouvoir… Et aussi avec les autres.

Les verrous de la bureaucratie

Malgré la clarté des structures hiérarchiques, avoir accès au bureau du chef ne suffit pas pour faire avancer les choses. Il faut sacrifier beaucoup de temps à courir dans différents bureaux, remplir des formulaires, obtenir de multiples signatures et s'assurer de la bienveillance de tout le monde en cours de route. À tous les niveaux, vous tomberez sur des personnes ayant un pouvoir de verrou. Certaines doivent ce privilège à leur statut, d'autres à leur astuce. Il peut s'agir de la réceptionniste à l'accueil, du fonctionnaire qui a le bon tampon, du comptable dont la signature est requise ou de l'employé dont un parent peut mener l'affaire à bien pour moins cher. Même s'ils se trouvent tout au bout de la chaîne de décision, leur importance pour le système se révèle dans leur capacité à ralentir ou à saboter le processus. Un gratte-papier vous demandera d'attendre alors qu'il est clair qu'il n'a rien d'autre à faire. Un autre vous invite à « revenir demain ». Le lendemain, vous le retrouvez occupé à la même tâche qu'il aurait pu achever la veille.

Résistez à l'envie d'entamer un rapport de forces. En tant qu'étranger, vous obtiendrez peut-être l'autorisation de voir directement le chef, mais mieux vaut manifester du respect à tous les échelons. À un moment, l'un de ces verrous se transformera en la personne dont vous avez besoin pour aboutir ou pour influencer des gens en mesure de vous aider.

Réunions et rendez-vous d'affaires

Les courriels, notes de service et autre formes de communication d'entreprise ne sont pas les moyens les plus efficaces pour organiser des réunions ou formuler des demandes importantes. Du fait de la nature relationnelle des affaires en Inde, mieux vaut passer par des invitations personnelles ou un appel téléphonique auprès du supérieur direct.

La ponctualité est une notion fluctuante en Inde. La marge de manœuvre des participants dépendra des attentes de la direction. Dans certains cas, si un employé arrive 20 minutes après l'heure prévue, il n'a pas besoin d'« excuse ».

Le déroulé de la réunion

Globalement, les réunions d'affaires tiennent davantage de l'exposé que d'un moment d'échange ou de réflexion commune. Le participant de rang le plus élevé donne son opinion et, le plus souvent, les autres se taisent. Cela ne signifie pas qu'ils n'ont pas de contribution à apporter. Mais il appartient au chef de parler et aux subalternes d'écouter. Les Indiens n'interrompent pas leurs supérieurs et leur silence a valeur d'approbation. Toute autre réaction serait négative.

Intervenir en égal revient à s'engager dans un rapport de forces. Un employé ne courra que rarement le danger de mettre ses idées en avant pendant une discussion de groupe. Le risque d'une humiliation est trop grand. Même en tête-à-tête, défendre agressivement un argument ou une ligne de raisonnement pose problème. On croit persuader son interlocuteur, tandis que celui-ci n'a qu'une préoccupation : mettre fin à l'échange sans nuire à la relation.

Les réunions officielles servent à diffuser des informations, affirmer sa position ou transmettre une vision et des instructions. Elles n'offrent pas un cadre efficace où faire naître des idées, comprendre les préoccupations d'employés, évaluer des performances, réunir des informations ou obtenir un véritable consensus. Il vaut mieux pour cela consacrer du temps et de l'énergie à des contacts informels réguliers avec les individus.

Dans le contexte indien, il faut se montrer respectueux et à l'écoute, faire comprendre que l'on apprécie les contributions et exprimer des attentes spécifiques en prenant des décisions claires. Vous pourrez sans doute progresser dans une réunion en énonçant des règles de base qui régiront la discussion. Mais les cessions de *brainstorming* et autres outils de management destinés à améliorer les résultats, initier des échanges créatifs, corriger des faiblesses et créer un esprit d'équipe risquent de faire plus de mal que de bien. En Inde, la communication circule de bas en haut et non latéralement. Créativité et implication forte des subordonnés ne sont ni attendues, ni d'ailleurs véritablement souhaitées.

Présenter un projet

Quand arrive le temps fort de votre exposé, celui où devraient retentir les applaudissements et apparaître les chéquiers, vous vous apercevrez peut-être soudain que vos auditeurs dodelinent de la tête avec un regard vide. C'est sans doute que personne n'a compris votre anglais, mais personne ne le dira de peur de faire naître une situation embarrassante. Réussir à communiquer requiert une attention permanente. Mieux vaut constamment répéter et clarifier les points clés. Et ne pas hésiter à demander régulièrement : « Mon anglais est-il clair ? »

Même au pire de la mousson ou des chaleurs d'été, les Indiens soignent leur aspect. Chemise amidonnée et cravate rayée composent la tenue la plus répandue chez les hommes. Les femmes portent un sari au drapé impeccable, un *shalwar kameez* ou une robe assez couvrante. Évitez une tenue décontractée pour des rencontres d'affaires.

Les jeunes citadins, notamment ceux qui ont étudié en Occident, parviendront peut-être à mieux accepter des rapports professionnels directs et sans formalisme. Mais n'en concluez pas, s'ils vous appellent par votre prénom ou viennent au bureau en jean, que cette attitude superficiellement détendue signifie qu'ils vous comprennent. Ces adaptations reposent peut-être sur des images transmises par les médias. Même les personnes au mode de pensée le plus occidentalisé continuent d'appartenir à un système dont la grille de référence est indienne.

Les négociations

Si vous ne traitez pas directement avec le preneur de décision, d'autres discussions, échanges de documentation et démarches seront nécessaires pour obtenir les approbations requises. Votre position peut vous permettre d'éviter les intermédiaires et faciliter la négociation avec votre *alter ego* dans l'organigramme de la société indienne avec laquelle vous êtes en affaires. Mais il est difficile d'éviter les mauvais pas face à des hiérarchies où interviennent aussi le népotisme et les loyautés de caste ou de communauté. Tout peut être remis en question à tout moment si vous contournez sans le savoir une personne de pouvoir, omettez une signature ou choisissez le mauvais intermédiaire.

Préparez-vous à ce que les négociations et les mises en œuvre prennent beaucoup plus de temps que chez vous. Chercher à précipiter les choses, bouleverser les agendas, aborder de front les problèmes ou poser des exigences ne fera que vous aliéner les personnes dont vous avez besoin.

Le contrat à l'indienne

Pour les Indiens, un contrat écrit n'est pas obligatoirement gravé dans le marbre mais souvent considéré comme ouvert aux adaptations si les circonstances ou les hommes changent. Mieux vaut le prendre comme l'exposition d'une intention établie dans le contexte d'une relation préalable. Des partenaires qui se fient à leur rapport avec vous plutôt qu'à un bout de papier risquent de réagir avec surprise si vous soulevez une objection ou menacez d'une action en justice s'ils n'ont pas rempli une partie du contrat. Ils rappelleront peut-être des conversations qui, pour eux, prouveront que vous étiez convenus de dispositions différentes par accord verbal.

Les contrats exigent une grande attention sur de nombreux plans. Les Indiens font un usage particulier de l'anglais et mieux vaut s'assurer que certains mots ne prêtent pas à malentendu. Les petites compagnies ne passent pas toujours par un légiste pour leur rédaction et leur forme peut se révéler très différente des documents formalistes courants en Occident. Des perceptions divergentes de ce qui constitue un point clé conduisent parfois à se perdre dans des débats exigeant de la patience et de la souplesse d'esprit. Une entreprise étrangère devra établir clairement la législation spécifique qui régit les arbitrages. Vous aurez besoin d'un avocat qualifié pour tout ce qui concerne la propriété intellectuelle, le travail au forfait *(work for hire)*, les questions de responsabilité et la fiscalité.

Qui décide ?

C'est la personne investie du titre approprié qui prend les décisions. Tant que les employés pensent que leur travail est reconnu et que leur position est sûre, ils n'éprouvent aucun besoin de partager la responsabilité du patron. Le décideur consultera éventuellement ses pairs, des spécialistes ou des membres de la famille pour réduire les risques de commettre une erreur ou de se la voir reprocher. Et pour confier une tâche, il se fiera plus facilement à ses impressions qu'à des évaluations de compétences et des antécédents professionnels.

La corruption

Ce mal continue de ronger l'Inde. Malgré les réformes économiques, le pays conserve des bureaucraties tentaculaires qui créent des barrières que beaucoup choisissent de sauter au moyen de dessous-de-table. La paperasserie peut rendre l'enregistrement d'une entreprise, l'obtention d'un numéro d'identification fiscale ou les relations avec des banques d'une complexité et d'une lenteur exaspérantes. Des ronds-de-cuir butés extorqueront un *baksheesh* pour transmettre une requête ou fournir des services standards comme l'électricité. Les gratifications, depuis une montre de marque ou une nuit avec une prostituée jusqu'à une commission de plusieurs millions de roupies, sont monnaie courante aussi bien dans l'administration et l'éducation que dans le monde des affaires. Policiers et politiciens n'y sont pas étrangers.

L'Inde paie cher ces pratiques. C. K. Prahalad, stratège d'entreprises et professeur d'économie à l'université du Michigan, estimait que la corruption coûtait au pays plus de 20 milliards de dollars par an. Malheureusement, c'est souvent l'unique moyen d'échapper aux tracas causés par des bureaucrates, des policiers, des fonctionnaires ou des administrateurs. Ces « pourboires », dessous-de-table et autres cadeaux ne sont pas le seul moyen de parvenir à ses fins, mais vous aurez besoin, votre entreprise et vous, de décider clairement de l'attitude à adopter face à cet aspect du quotidien des affaires en Inde.

Les relations professionnelles

Communiquer au jour le jour

Demandez à vos interlocuteurs les moyens qu'ils préfèrent pour rester en contact. Habitués aux échanges téléphoniques, ils ne relèvent peut-être pas régulièrement leur courrier électronique.

La communication doit rester directe et personnelle. Les rapports officiels et les courriels contiendront sans doute plus ce que vous avez envie d'entendre que ce qui est réellement accompli. Le tête-à-tête est la meilleure option. S'il est impossible, le téléphone peut contribuer à construire ou à entretenir le capital relationnel nécessaire pour obtenir des résultats.

Coopérer

Vous avez peu de chance de voir figurer « capable de travailler de façon indépendante » sur une description de poste en Inde. La compétence compte, mais la fiabilité et la loyauté importent encore davantage. Il est attendu des employés qu'ils s'entraident pour respecter des délais ou mettre en commun leurs compétences ou leurs contacts. Les décisions sont rarement prises par un individu isolé. Réunir des avis et atteindre un consensus protège un salarié des retombées en cas d'échec. Chaque membre du personnel veut pouvoir compter sur les autres pour l'aider à mener à bien ses tâches, faire bonne impression auprès de ses supérieurs et dissimuler les erreurs commises.

Beaucoup n'en éprouvent pas moins la volonté d'exceller, et tous ont envie d'être reconnus pour la qualité de leur travail. Mais être distingué individuellement crée des difficultés. Par exemple, obtenir une augmentation basée sur la performance plutôt que sur l'ancienneté va susciter des rancœurs. Les employés les plus efficaces risquent ainsi de subir les conséquences de la jalousie de leurs collègues. Et elles ne pèseront pas seulement sur la qualité de leurs relations, mais aussi sur leurs perspectives d'avenir.

Cet aspect de la culture d'affaires tend à étouffer l'initiative et l'indépendance d'esprit. Il a aussi poussé à la création d'entreprise des personnes dynamiques que ces contraintes frustraient.

Gérer les conflits

Le secret de la réussite dans le domaine de l'entreprise tient en peu de mots : éviter les conflits. Comme nous l'avons vu, vous ne pouvez pas espérer de transparence. Aucune critique n'est exprimée en face, les idées ne sont pas contredites, les divergences d'opinion restent tues. Vous entendrez ce que l'on croit que vous voulez entendre. Vous aurez beau demander qu'on se montre franc avec vous, on ne vous dira jamais rien de négatif ou pouvant conduire à un désaccord.

La plupart des Indiens apprécient l'approche pragmatique des problèmes qu'ont les Occidentaux, leurs talents d'organisation et leur entrain à relever les défis. Mais ces qualités sont aussi sources de tensions. Si vous intervenez pour identifier des problèmes ou suggérer des moyens d'améliorer l'efficacité, vous risquez d'être perçu comme arrogant et impoli. Si vos collègues restent peu disposés à prendre des mesures, ne prenez pas cette attitude pour de l'incompétence, de l'apathie ou un manque d'assurance. Il arrive que des abîmes se creusent parce que personne n'ose mettre la relation en danger pour régler des tensions.

Une conversation sur une situation de conflit n'est pas impossible, mais elle doit avoir lieu en privé. Montrez-vous humble sur votre rôle et sincère sur votre désir d'arriver à une solution. Assurez vos collègues que vous n'utiliserez pas leurs propos contre eux. S'ils vous font confiance, ils s'ouvriront peut-être. Sinon, changez de stratégie. Écoutez ce qu'ils disent d'autres personnes pour en tirer des indices sur leurs valeurs, leurs points sensibles, leurs espoirs et, peut-être, le lien qu'il y a avec vous. Puis il vous revient d'adapter vos attentes et votre conduite.

Les femmes au travail

Des femmes fortes et douées exercent leurs fonctions à tous les niveaux des entreprises et des administrations. En 2005, 10 % des chefs d'entreprise indiens étaient des femmes. Malgré tout, les obligations familiales, les craintes de harcèlement sexuel et des préjugés dévalorisants continuent de limiter l'accès à certaines professions, aux espoirs de promotion ou même à la possibilité d'entrer sur le marché du travail.

En général, les femmes sont traitées avec respect dans le monde des affaires, mais elles restent peu nombreuses aux postes les plus élevés. Les Occidentales seront donc souvent placées sur un pied d'égalité avec leurs pairs masculins. Selon l'entreprise et les dirigeants avec qui elle traite, une femme peut avoir besoin d'assistants mâles pour faciliter la communication, les négociations ou la mise en œuvre de décisions. Le contexte professionnel autorise ce type de conversations en tête-à-tête qui restent interdites entre personnes de sexes différents dans la vie courante.

chapitre 10

Parler et communiquer

Une langue officielle, des milliers de langues

Les experts n'arrivent pas à se mettre d'accord sur le nombre de langues parlées en Inde. Le gouvernement en reconnaît officiellement 22, mais 2000 ont été identifiées. En majorité, elles appartiennent à deux familles linguistiques : les langues indo-aryennes et les langues dravidiennes. Dérivés du sanskrit, l'hindi et ses diverses déclinaisons font partie des premières, qui sont parlées par 70 % de la population, contre 26 % pour les langues dravidiennes du Sud : le tamoul, le télougou, le malayalam et le kannada. Les 4 % restants, localisés dans le Nord-Est et sur les îles, s'expriment dans des langues sino-tibétaines et austroasiatiques complètement distinctes.

La Constitution de 1950 a fait de l'hindi la langue officielle (mais pas nationale) du pays. Elle a aussi attribué à l'anglais le rôle de « langue officielle associée » pour une durée de 15 ans. Près d'un demi-siècle s'est écoulé depuis, mais l'anglais reste la langue de prédilection dans les relations d'affaires et dans l'éducation, en particulier pour les classes moyennes et supérieures.

Des régions et des États ont récemment affirmé leurs identités culturelles en redonnant à des villes un nom dans la langue locale. Calcutta est devenue Kolkata (bengali) ; Bombay, Mumbai (marathi) ; Bangalore, Bangaluru (kannada) ; Madras, Chennai (bengali) ; Pondichéry, Puducherry (bengali). D'autres changements sont envisagés.

Apprendre la langue locale

La plupart des citadins parlent au moins un anglais rudimentaire. Mais toutes les personnes que vous rencontrerez apprécieront que vous ayez fait l'effort d'apprendre quelques phrases de base dans leur langue maternelle. L'objectif est de communiquer, pas d'atteindre la perfection. Posez des questions, prenez des risques, riez de vos erreurs et tirez-en des leçons. Prenez plaisir à la beauté des langues indiennes et des gens qui les parlent.

Vous disposerez d'excellents outils de formation. De nombreuses universités proposent des cours, et des étudiants ou des professeurs peuvent être engagés pour des leçons particulières. Personne ne refusera de vous apprendre une phrase ou deux et de corriger votre prononciation. Avec le temps, la télévision et les films amélioreront votre compréhension.

L'anglais indien

Les jeunes Indiens continuent d'apprendre l'anglais classique et les personnes les plus éduquées en maîtrisent une version châtiée. Mais la langue suit une évolution particulière depuis le Raj et, avec ses variantes locales, elle n'est pas seulement utilisée dans le cadre professionnel, mais aussi à la télévision, au cinéma et dans la littérature contemporaine. Au grand dam des puristes qui voudraient revenir aux langues précoloniales, l'« hinglish » reste bien vivant en Inde et ne cesse de s'enrichir d'accents et d'américanismes diffusés par les médias.

Se faire comprendre

Les salutations

Dans une société qui reste traditionaliste, les salutations n'expriment pas que de la politesse, mais aussi du respect. Elles varient en fonction de la relation, de la religion et du statut social. Dans de nombreuses circonstances, la poignée de main est devenue acceptable, en particulier entre hommes. Avec une femme, contentez-vous du traditionnel *namaste*, les deux mains pressées paume contre paume devant la poitrine. Serrez-lui la main seulement si elle tend la sienne la première. Et surtout pas de bises à l'européenne avec une personne du sexe opposé !

Hindous du Nord

Le geste du *namaste* consiste à serrer ses mains l'une contre l'autre devant sa poitrine, sans pour autant incliner la tête. Le geste est à lui seul un salut respectueux, notamment en entrant dans une pièce pleine de gens. Le *pranam* est plus cérémonieux : la personne touche de la pointe des doigts les pieds d'un parent plus âgé ou de tout autre personnage respectée. Souvent, elle place ensuite la main sur son cœur ou sa tête pour marquer que la personne saluée a le pouvoir de bénir.

Indiens du Sud

« Bonjour » se dit « *Namaskara* » (kannada), « *Namaskaram* » (malayalam, télougou) ou « *Vanakham* » (tamoul). Le mot accompagne le geste du *namaste* ou une poignée de main. Parfois, la main se porte simplement à la poitrine.

Quelques mots en hindi

- ***Accha :*** **« Bien », « D'accord » ou « Vraiment ? »**
- ***Dhanyavad :*** **« Merci »**
- ***Maaf kijiye :*** **« Désolé »**
- ***Namaste :*** **« Bonjour » (littéralement « Je salue le divin en toi »)**
- ***Tik hai :*** **« Ça va » ou « Je vais bien »**
- ***Wala :*** **désigne une personne associée à une activité (*chai wala* signifie « vendeur de thé »)**
- ***Shabaash !*** **: « Excellent ! » (un mot de félicitation ou d'éloge)**

Musulmans

« *Assalaam alaikum* » (« La paix soit avec vous »). Réponse : « *Alaikum salaam* » (« Et sur vous est la paix »).

Le langage du corps

Essayer de déchiffrer le langage corporel et de saisir les subtilités d'un échange peuvent conduire un étranger à s'arracher les cheveux. Comme une grande part de la communication est non verbale, une erreur d'interprétation ou une complète incompréhension sont vite arrivées. Si vous avez l'impression d'avoir raté quelque chose d'important, demandez à un Indien de vous expliquer. Il est toutefois probable que le sens de votre question lui échappe tant la situation lui aura paru limpide sans avoir à y réfléchir.

Ne vous méprenez pas sur les mouvements de tête de droite à gauche. Ils ne signifient pas « non » mais « oui » ou « je comprends » et parfois « merci ».

Il est malpoli de montrer du doigt. Indiquer une direction se fait à l'aide du menton ou de la main entière. Pour inviter quelqu'un à approcher, tendez la main paume vers le bas et agitez les doigts. Faire signe paume en l'air est déplacé. Cligner de l'œil, siffler et chanter peuvent être interprétés comme des invites sexuelles.

Les marques de respect

Elles revêtent une grande importance en Inde. Il est attendu des femmes qu'elles couvrent leur tête en entrant dans les lieux du culte ou lors des rites effectués dans un domicile privé. Avec un aîné, il convient d'éviter le contact oculaire. Les chaussures sont impures et il arrive aux femmes de menacer un homme avec une chaussure ou une *chappal* (sandale) pour lui faire honte. Ne les posez jamais sur une table ou un autre meuble. Il faut les enlever en entrant dans un domicile ou un lieu saint. Vous pouvez conserver des chaussettes mais les pieds nus sont la norme.

Humour, mode d'emploi

Il suffit d'aller au cinéma pour commencer à saisir la place accordée à l'humour en Inde et ce qui fait rire ses habitants. Même au cours des films sérieux, subtils échanges verbaux et remarques cavalières déclenchent l'hilarité du public. Les étrangers réduisent souvent l'« humour Indien » à la farce et à la parodie parce qu'ils ne connaissent pas assez la langue et la culture pour comprendre ses autres formes et nuances.

À voir et à écouter les comédiens sur grand écran, à la télévision ou au cabaret, ou simplement un groupe de jeunes gens en train de plaisanter, on constate que rien n'échappe à la satire et à la dérision, qu'il s'agisse des relations sociales, des sous-cultures, des castes et classes, des problèmes sociaux, des saints hommes ou des traits physiques. La comédie indienne s'approprie désormais aussi les réalités transculturelles et les conflits internes des individus et des communautés installés à l'étranger.

Mieux vaut toutefois éviter certaines formes d'humour sous peine d'incompréhension. Le sarcasme vexera à coup sûr. Traiter à la légère une personne ou un problème pour soulager une tension apparaîtra comme une forme de mépris.

Même si elles sont très populaires, ne vous risquez pas aux *sardar jokes,* l'équivalent de nos blagues belges qui visent les sikhs. Les Indiens ne se privent pas d'user de la caricature au cinéma ou même entre amis, mais ils ne plaisantent jamais de figures parentales, d'employeurs ou de toute personne au-dessus d'eux dans l'ordre social.

Médias et communications

En même temps que les relations personnelles et d'affaires, les modes de vie et les cultures connaissent une évolution radicale depuis la révolution technologique de ces dernières décénies. L'Inde est devenue le pays en pointe en matière de sous-traitance dans le domaine des technologies de l'information, et le marché à la plus forte croissance est celui des biens et services qui y sont liés.

La presse écrite

Si l'Occident mise beaucoup sur la télévision et Internet, les Indiens continuent de se fier à la presse écrite pour s'informer. Le tirage global s'élève à 59 millions d'exemplaires et n'est dépassé qu'au Japon et en Chine. Il se répartit entre 62 000 journaux, dont 5 000 quotidiens, rédigés en plus de 100 langues. Diffusé dans la majeure partie du Nord, le principal quotidien, le *Dainik Jagran*, rédigé en hindi, est vendu à 17 millions d'exemplaires par jour et touche un lectorat de plus de 55 millions de personnes. Pour les lecteurs anglophones, *Times of India*, *Indian Express*, *The Hindu* et l'*Hindustan Times* traitent majoritairement de l'actualité nationale et locale, mais ils constituent un bon outil pour approcher la réalité indienne et le quotidien de ses habitants.

Détenue par des propriétaires privés, la presse est indépendante. Les rédacteurs en chef, y compris de la télévision, exercent toutefois une forme d'autocensure. Ils minimisent intentionnellement les crises et le nombre de victimes des conflits pour tenter de prévenir l'escalade de la violence.

Radio et télévision

Une famille sur trois seulement possède un téléviseur et le nombre de postes radio n'atteint pas 120 millions, soit 1 poste pour 10 habitants. Voisins, amis et parents se regroupent donc souvent pour écouter la radio ou regarder des émissions ou des rencontres sportives.

En 1990, le Prasar Bharati Act a mis fin à l'hégémonie de Doordashan, la chaîne nationale indienne. Elle profitait de la passion des Indiens pour les arts et l'audiovisuel, et la tendance des plus simples à prendre pour une réalité ce qu'ils voyaient à l'écran, pour promouvoir les vues du gouvernement.

Depuis, l'offre satellitaire a explosé. Plus de 560 chaînes diffusent sur le territoire, dont 40 agences indiennes. Du sport et des séries aux sagas religieuses, le choix est vaste dans toutes les langues principales. Les programmes britanniques et américains sont également populaires.

Internet

L'Inde est « branchée », la multiplication de sociétés de sous-traitance, d'entreprises technologiques, de centres de formation informatique et de cybercafés ne peut en laisser douter.

Malgré le faible nombre de propriétaires d'ordinateurs personnels, c'est le quatrième pays en termes d'usage d'Internet. Pourtant, les connexions se révèlent parfois incertaines ou très lentes malgré les réseaux déployés dans les villes et leur périphérie. L'électricité reste en fait un problème. Près de la moitié des Indiens n'en dispose pas, et les autres subissent de fréquentes coupures.

Vous avez le droit d'importer un ordinateur portable sans payer de frais de douane si vous séjournez plus de 3 jours. Prévoyez un adaptateur électrique. Vous en trouverez sinon dans les grands magasins. Plusieurs fournisseurs de services proposent des récepteurs Wi-Fi qui se branchent sur une prise USB. Vous aurez du mal à trouver un réparateur hors des grandes villes.

Le téléphone

Les télécommunications sont restées un monopole d'État jusqu'en 1994. L'ancien service public est devenu Bharat Sanchar Nigam Limited (BSNL) et reste un fournisseur de premier plan, avec plus de 57 millions d'abonnés. Les États ont gardé la mainmise sur les communications internationales jusqu'en 1999.

Au quotidien, les plus grands changements proviennent de la téléphonie mobile. L'Inde est le marché mondial a la plus forte croissance dans ce domaine. Selon l'autorité de régulation des télécoms, il y a 300 millions d'appareils en circulation pour

250 millions abonnés. Pour plus des deux tiers, ils habitent dans les zones urbaines. Quelque 9 millions de nouveaux téléphones sont vendus chaque mois. Ils sont relativement abordables et les experts prédisent 1 milliard d'utilisateurs d'ici quelques années. Il est facile et peu coûteux d'acquérir une carte SIM à placer soit dans un téléphone portable acheté sur place, soit dans le vôtre s'il est débloqué.

Plus de 900 000 *public call offices* (PCO, parfois aussi STD ou ISD) fournissent des services téléphoniques. Restaurants, magasins d'alimentation et autres lieux publics abritent des publiphones permettant de passer des appels locaux.

Le courrier

Aucun pays au monde ne possède plus de bureaux de poste que l'Inde. Au nombre de 150 000, principalement situés hors des grandes villes, ils servent aussi d'agences bancaires en zone rurale. Une concurrence accrue et les progrès technologiques ont entraîné une amélioration des services au cours des dernières années. Ils comprennent désormais la messagerie express, les mandats, les titres de paiement et les transferts de fonds internationaux (y compris les paiements électroniques).

L'« Epost » permet d'envoyer un e-mail à la poste de la ville de destination. Une fois imprimé, il sera déposé dans la boîte aux lettres du destinataire. Même si ce nombre est en diminution, India Post distribue encore plus de 6 milliards de plis et colis chaque année. Comme tout service public en Inde, son efficacité fluctue en fonction des périodes de congés, des *bandh* (manifestations politiques) et des grèves.

Pour conclure

Toute description de l'« Inde » ou des « Indiens » ne doit pas être comprise comme une représentation complète, mais comme une simplification destinée à faciliter la compréhension. De là découlent la beauté et la difficulté d'un séjour dans ce pays : il n'y a pas grand-chose qui puisse être réduit à un concept général de « culture indienne ». Et il n'y a pas grand-chose de comparable avec notre propre vie, en dehors des emprunts superficiels au Raj et à MTV.

L'Inde a fasciné des conquérants, illuminé des artistes, inspiré des sages, engendré des inventeurs et elle est en train de changer le visage et l'avenir de notre monde. Ses habitants résument d'une plaisanterie l'étendue de leur influence : quand les premiers astronautes à se poser sur la Lune sont sortis de leur module, ils ont entendu crier « *Chai ! chai !* », et un Indien poussant un chariot est arrivé pour leur vendre du thé. Elle offre une bonne image de leur attitude actuelle qui conjugue un immense talent pour l'innovation avec le respect des vieilles manières.

Pour la plupart, les Indiens gardent un mode de vie qui reproduit celui des générations précédentes. Veiller sur sa famille et essayer d'offrir à ses enfants une existence meilleure en sont les deux moteurs principaux. Le fatalisme et la synthèse des principes hindous du *karma* (nous avons ce que nous méritons) et de la *maya* (la réalité matérielle n'est qu'illusion), permettent aux Indiens d'assumer l'inégalité sociale et un sort éprouvant sans se sentir obligés d'y porter remède, de les excuser ou de fermer les yeux.

Le système de castes toujours dominant rend la vie à la fois difficile et prévisible. Tout le monde connaît sa place. Les possibilités de chacun dépendent de sa communauté, de son sexe et de sa place dans la hiérarchie sociale. Mais ces barrières commencent à être surmontées selon des modes inimaginables il y a une génération. L'évolution de la législation, les réformes économiques, la mondialisation, les avancées technologiques et les médias déverrouillent lentement les accès à l'éducation et à la progression sociale. Cette évolution culturelle d'ampleur sismique commence tout juste à ébranler les assises séculaires de la civilisation indienne.

Le choc et la fascination éprouvés lors d'un premier contact s'atténuent rarement. Les visiteurs qui apprécient le plus l'expérience sont ceux qui se montrent prêts à apprendre, ouverts à l'ambiguïté et désireux de redéfinir la générosité et l'amitié. Tomber amoureux de l'Inde ressemble beaucoup à se mettre à apprécier les plats épicés. Vous regardez les taches de couleur des piments et supporter la brûlure vous paraît impensable. Mais l'odeur alléchante vous fait franchir le pas. Et si vous ne renoncez pas, vous découvrez un jour que vous ne pouvez plus vous en passer.

Annexes

Une bibliographie sélective

Découvrir l'Inde

- Guide du Routard *Inde du Nord*, Hachette Tourisme.
- Guide du Routard *Inde du Sud*, Hachette Tourisme.
- Guide Bleu *Rajasthan-Gujarat*, Hachette Tourisme.

Découvrir le hindi

- Ashkai Bakaya, *L'Hindi sans peine*, Assimil, 2000.
- Aparna Kshirsagar et Jean Pacquement, *Hindi express*, Éditions du Dauphin, 2004.
- *Parler l'hindi en voyage*, Harrap's, 2009
- *Parlez hindi*, cédérom, Eurotalk.

Littérature, histoire, économie, politique

- Régis Airault, *Fous de l'Inde : délires d'occidentaux et sentiment océanique*, Payot, 2000.
- Alexandre Astier, *Comprendre l'hindouisme*, Eyrolles, 2006.
- Christian Bardot, *L'Inde au miroir du monde. Géopolitique, démocratie et développement de 1947 à nos jours*, Ellipes, 2007.
- Michel Boivin, *Histoire de l'Inde*, PUF, 2005.
- Catherine Clément, *Promenade avec les dieux de l'Inde*, Points Seuil, 2007.
- Guy Deleury, *Le Voyage en Inde : anthologie des voyageurs français*, coll. « Bouquins », Robert Laffont, 2003.
- Pauline Garaude, *Inde : histoire, société, culture*, La Découverte, 2007.
- Dominique Hoeltgen, *Inde, la révolution par les femmes*, Philippe Picquier, 2009.

- Frédéric Landy (dir.), Dictionnaire de l'Inde contemporaine, Dunod, 2010.
- Dominique Lapierre, *La Cité de la joie*, Pocket, 2000 (1re éd. Robert Laffont, 1975).
- Dominique Lapierre et Larry Collins, *Cette nuit la liberté*, Pocket, 2004 (1re éd. Robert Laffont, 1985).
- Henri Michaux, *Un barbare en Asie*, « L'Imaginaire », Gallimard (1re éd. 1933).
- Bulbul Sharma, *La Colère des aubergines*, Philippe Picquier, 2002.
- V.S. Naipaul, *L'Illusion des ténèbres*, 10/18 (1re éd. française 1991) ; *L'Inde brisée*, 10/18 (1re éd. française Plon, 1992).
- Pavan K. Varma, *La Classe moyenne en Inde : naissance d'une nouvelle caste*, Actes Sud, 2010.

Business

- Axelle Degans, *Les Pays émergents : de nouveaux acteurs*, Ellipses, 2011.
- Moci (Moniteur du commerce international), *Guide business 2011. Inde mode d'emploi*, Sedec, 2011.
- Laurent Goulvestre, *Petit traité pour réussir à l'international*, AFNOR, 2010.
- Florence Philippe, *Petit guide de survie de l'homme d'affaires en Inde*, Patrick Robin Éditions, 2006.
- *S'implanter en Inde*, Ubifrance, 2010

Quelques sites Internet

http://cidif.go1.cc
le site du Centre d'information et de documentation de l'Inde francophone.

www.ambinde.fr
le site officiel de l'ambassade de l'Inde à Paris.

www.aujourd'huilinde.com
site d'information sur l'actualité, la culture, le tourisme.

www.outlookindia.com
magasine d'information en ligne, de langue anglaise.

www.ifcci.org.in
portail de la Chambre de commerce et d'industrie française en Inde.

Index